AF451587

HIPPOLYTE, TRAGEDIE

DE ROB. GARNIER

CONSEILLER DV ROY au siege Presidial & Senechaussee du Maine.

A MESSEIGNEVRS DE RAMBOVILLET.

A PARIS,

De l'Imprimerie de Robert Estienne.

M. D. LXXIII.

AVEC PRIVILEGE.

A MESSEIGNEVRS
DE RAMBOVILLET.

OSTRE France a
de tout temps pro-
duit vne belle No-
blesse & valeureuse
pour le seruice de
son Roy: & enco-
res en nourrist vne en cest heureux
siecle, qui surpasse auantageusemét
l'hóneur de ses deuanciers. Si est ce
qu'en l'abondance d'vne si vertueuse nourriture, elle ne se peut van-
tèr d'vne plus genereuse race & de
plus digne recómandation à la po-

A.ij.

sterité que la vostre, Messeigneurs,
qui, outre le rang que vous tenez,
perpetué d'vne presque eternelle
suite de nobles ancestres, faites tant
reluire en vous de vertus, que les
moindres donnent plus d'admira-
tion que d'esperance d'imitation
en exemplarité. Ie m'efforceroy de
les chanter aussi volontiers qu'elles
sont dignes de passer à vos nepueus
surpris d'esbahissement de les entendre : si ie ne doubtoy que mon
affection trop ardéte entrast en folle presomption, succombant, trop
foyble, soubs le faix d'vn si digne
suget. Ie ne sçay (& me pardonne la
France) s'il se trouuera encores maison de vostre qualité, où les lettres
s'appareillent si bien au sanglant ex-
ercice de Mars, & où la generosité
d'vn braue & magnanime cœur re-

çoiue en telle concordance, le paisible esbat des liures. De là vient l'e-
stroict & indissoluble lien de vostre
fraternité, qui donne tant d'eston-
nement à ce Royaume, conduisant
soubs vn seul vouloir, tout vn nom-
bre de tresvertueux seigneurs, comme si vne seule ame vous animoit
tous ensemble, bien que composez
de diuerses façós & habitudes. C'est
pourquoy, Messeigneurs, orès que
ie ne fusse ce que par obligation ie
suis, tres-deuôt seruiteur de vos sei-
gneuries, ie ne pense toutefois estre
par trop hors de raison, de vous faire present à tous de ce seul mien ouurage, qui encores que ie l'eusse có-
sacré en particulier à l'vn de vous,
n'eust laissé d'appartenir à tous ega-
lement: tant est indiuidue & insepa-
rable la fraternelle affection de vos

A.iij.

debonnairetez. Ie ne m'excuſeray
point de l'humilité de l'ouurage,
ſçachant que voſtre bonté ne refu-
ſera Hippolyte, cóme trop indigne
de ſe preſenter à vous, apres qu'il
aura teſtifié qu'il vient & vous eſt
adreſſé de la ſincere deuotion de
moy, à qui vous a pleu faire ceſt
honneur de donner accez en vos
bónes graces, & qui en recognoiſ-
ſance de telle faueur, & du plaiſir
que ie reſſentiray que vous l'ayez eu
agreable, renforceray (ſ'il ſe peut faire) le tres-affectionné deſir que i'ay,
Meſſeigneurs, de vous faire à tout
iamais tres-humble ſeruice.

Voſtre perpetuel ſeruiteur
ROB. GARNIER.

P. DE RONSARD

A ROB. GARNIER,

SONET.

Il me souuient, GARNIER, que ie prestay la main
Quand ta Muse accoucha, ie le veu faire encore:
Le Parrain bien souuent par l'enfant se decore:
Par l'enfant bien souuent s'honore le Parrain.

Ton ouurage, GARNIER, Tragique & souuerain,
Qui Fils, Parrain ensemble, & toutte France honore,
Fera voller ton nom du Scythe iusque au More,
Plus dur contre les ans, que marbre ny qu'airain.

Resiouy-toy, mon Loir, ta gloire est infinie,
Huyne & Sarte tes sœurs, te feront compagnie,
Faisant GARNIER, BELLEAV, & RON-
SARD estimer.

Trois fleuues qu'Apollon en trois esprits assemble,
Quãd trois fleuues, GARNIER, se degorgent ensëble
Bien qu'ils ne soyent pas grands, font vne grande mer.

NIC. DE RONSARD
SIEVR DE ROCHES
A R. GARNIER,

SONET.

TV sers trop longuement au monde de theatre,
France, & trop longuement durent tes tristes jeux:
Tu deurois arracher de tes poings outrageux
Les glaiues, &, paisible, en d'autres jeux t'ébatre.

France, ou si tu es tant au meurtre opiniâtre,
Et que tes nourriçons y soyent si courageux,
Voy ce Tragique escrit : tout y est orageux,
On y bruit, on y tue, on n'y fait que debatre.

Ma France, ie te pry, laisse ton propre flanc,
Et, deuote à ton Roy, tire d'ailleurs du sang,
Ou de ces meurtres feins assouuy ton courage.

GARNIER, qui a déja d'vn vers bien entonné,
Graue, docte, & hardy tout le monde étonné,
Te represente assez de fureur & de rage.

P. AMICIVS REGIS APVD CE-
NOMANOS CONSILIARIVS
Ad Rob. Garnierium collegam, de
Porcia & Hippolyto.

CVM fractis patriæ rebus, tua Porcia, Brutum
Certa sequi, impauido rutilantes ore fauillas
Hausit, tum nostra obstupuit scena, atque co-
   thurni
Nescia magniloqui olim, expauit gråde tonánsq;
Dicendi genus, & spirantia verba Quiritem
Pro re communi recidiuum, occumbere morte.
Te vetuit labor ille mori, illóque auspice nostras
Diximus Ausoniis minimum inuidisse camenis.
Et nunc Thesides iterum reuocatus Auerno,
Remigióque tui his appulsus pectinis oris,
Inuidia maior Græcis se comparat, atque
Transfugiũ extollit, quod nec locupletius vsquã
Ampullari, nec grauius sæuire cothurnum
Vidit, seu ritus, aut æui candida primi
Persequeris studia & mores, seu concitus ignes
Ferris in incestos, sceleratáque vota, nouámque
Perfidiam doctæ fraudes versare nouercæ.
Perge age, Garnieri, laurus te multa manebit
A nobis nostrísque, & iam dicêre cothurno
Princeps sublimi Francum instruxisse theatrum,
Quod vix dignè olim popularis Comica norat.

B.j.

OLIM sancta situ loca, & reductas
Valles, cinctáque riuulis vireta
Mixto carmine tibiis lyræque
Musæ personuere, nec profana
Incerti studia attigere vulgi.
Sed te, Melpomene, inter oppidanos
Sermones, strepitúsque, quos ciere
Nobis assidui solent clientes:
Te, inquam, Pierii incolæ recessus,
Inter sollicitos metus potentum,
Inter iurgia, ciuiúmque auaras
Spes, spretis nemorum otiis sequuntur,
Dum nostræ indociles amare scenæ
Ritus Hippolyti paras, & igne
Notum Pasiphaæ genus scelesto.
Quid mirum? instar eis situs amœni est,
Et vallis rigua madentis vnda,
Concinnum vario lepore carmen,
Quo tu præcipites sonas Tyrannûm
Iras, insidiosáque innocenti
Priuigno studia, & dolos nouercæ.
Hæ sunt deliciæ nouem Sororum,
His captæ illecebris, tibi in profana
Fiunt vrbe duces, & eruditæ
Lauros præmia frontis, albicanti
Distingunt hedera, quibus nouenas
Festinent capiti tuo coronas.

ODE IN HIPPOLYTVM

A ROB. GARNERIO REGIO
Consiliario, Gallico cothurno
donatum

STROPHE.

Mare cùm furit agitatum
Hyeme aspera, tunc
Anchoras duas si
Citò proiiciat Tiphys in æquor,
Ratem melius moratur.
Quondam medicus, morte furenti,
Iuuenem pudore recisum,
Arte Pæonia,
Ab inferis reduxit:
Illúmque pro talibus ausis
Dextera Iouis æthere tonans
Tenebras detrusit ad infimas;
Nec numina Phœbi
Patris potuére contrà
Iuuare natum.

ANTISTROPHE.

Retinacula data vitæ
Prius, haud tueri illius valebant,
Verecundula, Phedræque nouercæ
Pudicum Hippolytum roganti
Ingrata nimis curricula: sed

Odio illius, Dea furiæ
Noctis alma iubar,
Suum suo fauere
Castóque gratóque probóque
Hippolyto auida atque cupida,
Subitò reddi studuit noua
Vitam arte Nepotis,
Sacróque relegat inde
Nemori Diana.

EPODOS.

Sorores deinde sacræ,
Euripidis poetæ
Audaciâ grauißimâ
Prognatum ex Amazone Nympha
Virentibus per alta coronis
Theatra protrahere
Nobilitatum, vt & Annei
Facundia Cordubensis,
Ita ausæ fuere, vt hîc
Tibi Tragicographo
Iterum triplicibus dederint
Tenendum eum anchoris.

*

PASQVASII ROBL-
NI DELPHII.

THESEE, fils d'Egee Roy des Atheniens, retourné de l'iſle de Crete eſpouſa en ſecondes nopces Phedre fille de Minos, qui en eſtoit Roy. Pendant lequel mariage il fut requis par Pirithois ſon ſingulier amy, de l'accõpagner en vne entrepriſe qu'il auoit faite de deſcendre aux enfers, pour en tirer de force Proſerpine, & l'enleuer. Luy qui ne vouloit refuſer choſe du monde à vn amy ſi cher, piqué auſſi d'vn magnanime deſir d'acheuer de belles & hazardeuſes aduãtures, y deuala auecques luy: où s'eſtant mis en debuoir enſemblément d'executer leur violente intention, furent ſaiſis & arreſtez par les ſatellites de Pluton. Cependãt Phedre deuint eſpriſe de l'amour d'Hippolyte ſon fillâtre, & la rage de ceſte paſſion gaigna tant ſur elle, qu'il ne luy fut en fin poſſible d'y plus reſiſter: de façon que reduitte en toute extremité, & & depouillãt toute honeſte honte de ſon cœur, elle ſe decouurit à ce ieune ſeigneur, lequel (cõme vertueux qu'il eſtoit, nourri chaſtement au laborieux plaiſir de la chaſſe, loing de la moleſſe & laſciueté des villes) la refuſa ſeuerement, deteſtant vn ſi abominable deſir. Dequoy elle extremement indignee, tournant ſon premier amour en haine & fureur, ſe plaignit à ſon mari (qui lors ſe trouua de retour des enfers) de l'outrage qu'elle dict luy auoir esté faict en son honneur par Hippolyte son fils. A quoy cest homme credule ayant facilement adiousté foy, transporté d'vne iuste douleur, & d'vn ardant desir de vengence, pria le Dieu Neptune son ayeul, de faire tout à l'heure mourir sondit fils: ce que Neptune soudainement executa. Car il fit à l'instant sortir vn grand monstre de mer, qui se presentant deuant les cheuaux d'Hippolyte, les effroya tellement que quelque deuoir qu'il sceust faire pour les arrester, ils grauirét à trauers les rochers prochains, & le renuerserent de son char: & aduint de malheur qu'en tóbant, il s'impliqua fortuitement, & ennoüa les iambes aux courroyes & liasses de l'atellemét, en telle sorte que ne s'en estant peu depestrer, il fut miserablement trainé par ses cheuaux à trauers les rocs & buissons, dót le pauure ieune prince mourut. La nouuelle de sa mort estant apportee en la ville d'Athenes, Phedre coupable en elle mesme de son innocente mort, & veincue de pitié, auec l'amour qui se renouuela & raffraischit en son ame, decouurit sa faulse accusation, & la cause d'icelle, à son mary, puis se tua sur le corps trespassé de son amy.

ARGVMENT DES ACTES.

AV premier Acte est introduit en forme de prologue, l'Ombre d'Egee, lequel au retour de son fils du voyage de Crete, où il le pésoit auoir esté deuoré du mõstre Mi-taureau se precipita dedãs la mer, qui à ceste cause fut appelee Egeane de son nom. Il predit les calamitez qui aduiédront à son fils & à sa maison. Hippolyte parle puis apres, qui racõte vn sien songe, dont il est espouuanté. Au second Phedre se plaint de son tourment. Sa Nourrice s'efforce de luy arracher ceste folle fantasie de l'esprit: mais voyant qu'elle deliberoit mourir pour guarir de ce mal, change d'aduis, & preferãt sa vie à l'honneur, luy conseille de passer outre à ses desseins amoureux. Au troisiesme, la Nourrice aborde Hippolyte, & tasche de le diuertir de sa maniere de viure, comme trop laborieuse & sauuage, & luy cõseille de s'ébatre aux douceurs de l'amour. Hippolyte luy cõtredit, blasmant l'oysiueté & mollesse effeminee des villes: ce qu'elle voyant, le fait arraisonner par Phedre mesme, qui aprés plusieurs innolutions & ãbiguitez de propos se decouure pleinement à luy, le priãt d'auoir compassion de son ardeur. Il deteste vne si mõstreuse affection, puis la laisse, bien colleré. Elle adonc s'aduise auec sa Nourrice, de l'accuser de l'auoir prise par force: appelle au secours les Citoyens, & leur en fait vne faulse plainte. Au quatriesme, Thesee retour-

ne des Enfers, qui oyant ce tumulte en sa maison
importune la Nourrice, puis sa femme, de luy en
declarer la cause : qui aprés plusieurs refus, cóme
contrainte , charge Hippolyte de luy auoir rauy
son honneur. Dequoy luy extremement enflam-
bé, prie Neptune, qu'en luy gardant sa promesse
(qui estoit de luy octroyer l'effect de trois telles
demandes qu'il luy voudroit faire) il face mourir
son fils. La Nourrice se tue de regret. Au cinquie-
me & dernier, vn des seruiteurs d'Hippolyte ra-
conte sa mort, pour laquelle Phedre de passion-
nément attristee, par le remord de sa faute, se dó-
ne de l'espee dans le corps & meurt. Thesee fait
de grans regrets sur le corps mort d'Hippolyte,
& finist la Catastrophe.

INTERLOCVTEVRS.

L'OMBRE D'EGEE.

HIPPOLYTE.

PHEDRE.

NOVRRICE.

THESEE.

MESSAGER.

CHOEVR DE CHASSEVRS.

CHOEVR D'ATHENIENS.

ACTE I.

EGEE.

E S O^R de l'Acheron, d'où les om-
bres des morts
Ne ressortent iamais , couuertes de
leurs corps.
Ie sôr des champs ombreux , que le
flambeau du monde
Ne visite iamais, courant sa course ronde:
Ains vne époisse horreur, vn solitaire effroy,
Vn air puant de souffre, vn furieux aboy
Du portier des Enfers, Cerbere à triple teste,
Maint fantôme volant, mainte effroyable beste.
Mais l'horrible seiour de cet antre odieux,
De cet antre, bany de la clarté des cieux,
M'est cent & cent fois plus ageable, & encore
Cent & cent autres fois, que Toy, que ie deplore,
Ville Cecropienne, & vous mes belles tours,
D'où me precipitant ie terminay mes iours.
    Vostre Pallas deuoit, belliqueuse Deesse,
Détourner ce mechef de vous, sa forteresse,
Et, alme, vous garder d'encombreux accidans:
Puis qu'elle a bien daigné se retirer dedans,

C.j.

Et, de plus en plus faicte à voſtre bien procliue,
Vous orner de ſon nom & de ſa belle oliue.

Mais quoy? c'eſt le deſtin, c'eſt ce mechant deſtin,
Que meſme Iupiter, tant il luy eſt mutin,
Ne ſçauroit maiſtriſer: Iupiter, qui d'vn foudre
Qu'il lance de ſa main, peut tout broyer en poudre.

Tandis que i'ay veſcu, ie t'ay veu, ma Cité,
Touſiours porter au col vne captiuité:
Non telle que l'on voit en vne ville priſe,
Qu'vn Roy victorieux humainement maiſtriſe,
Subiuguee à ſes loix, ſans luy eſtre cruel,
Et luy rien exiger qu'vn tribut annuel,
Qu'entre mille citeᴢ, la chetiue veincue,
Gemiſſant & pleurant, malgré ſoy contribue.

Mais en ta ſeruitude, ô Athenes, le ſort
Menaſſoit tes enfans d'vne cruelle mort:
Qui, mis ſous le haſard d'vne ordonnance inique,
Enuoyent ſept chaſque annee, au logis Dedalique,
Pour ſeruir de paſture aux deuorantes dens
Du monſtre Mi-taureau, qu'on nourriſſoit dedans.
Et toy meſme Theſee, & toy ma geniture,
Pour qui, moy deſia mort, la mort encor i'endure,
Rauy d'entre mes bras, le deſtin enuieux
Te choiſit pour viande à ce monſtre odieux:
Ce monſtre, pour lequel ce poil gris, qui s'alonge
Eſpars deſſus mes yeux, ſe dreſſe quand i'y ſonge:
Et ces genous priueᴢ de chair & de chaleur,
Comme genous d'vn mort, chancellent de douleur.
Auſſi fut-ce la cauſe, il t'en ſouuient Theſee,
D'accourcir de mes ans la mortelle fuſee:

Bien que le vœil des Dieux, propice à ton deſſain,
Te ſauuaſt du goſier de ce monſtre inhumain,
Qui glouton de l'appas, que ta main cauteleuſe
Ietta par pelottons dans ſa gorge monſtreuſe,
S'abbatit au ſommeil, te permettant plonger
Au trauers de ſon cœur ton poignard étranger.
Ainſi tu te ſauuas de ſa felonne rage :
Puis, ſuiuant ſagement l'aduertiſſement ſage
De ta bonne Ariadne, à la ſuitte d'vn fil
Tu ſors du labyrinthe au baſtiment ſubtil.
« Mais comme de malheur, noſtre humaine nature
« Inſatiable d'heur, couuoite outre meſure,
« Et iamais ne s'arreſte à mediocrité :
Non bien contant d'auoir ton malheur euité,
Tu brigandes Minos, & corſaire luy pilles
Auecques ſes threſors ſes deux plus cheres filles.
De là tout le malheur, de là tout le mechef,
Qui, ia ia preſt de choir, penche deſſur ton chef,
Prend ſource, mon Theſee : & de là la mort bleſme
D'eſles noires vola iuſques à mon cœur meſme.
Ne voulant les grands Dieux courroucez contre toy,
Te donner le plaiſir d'eſſuyer mon émoy :
Ains voulurent (que c'eſt des vengences celeſtes !)
Que tes heureuſes naufs m'apparuſſent funeſtes,
Et que leurs voiles noirs, qui flotoyent oubliez,
Me fiſſent élancer ſur les flots repliez,
(Miſerable tombeau de ma vieilleſſe agée !)
Et changeaſſent leur nom au nom de moy Egée.
« Les Dieux aiment Iuſtice, & pourſuiuent à mort
« L'homme meſchant, qui fait à vn autre homme tort.

C.ij.

« Ils tiennent le parti du foible qu'on oppreſſe,
« Et font choir l'oppreſſeur en leur main vengereſſe.
  Theſee, helas Theſee, auiourduy le Soleil
Ne ſçauroit voir malheur à ton malheur pareil !
L'enfer, bien que hideux & geſne de nous ombres,
N'ha pas en ſon enclos tant de mortels encombres,
Que ie t'en voy, pauure homme ! hé, qu'il te falloit bien
Entreprendre d'aller au lict Plutonien,
Pour rauir noſtre Roine ! hé, qu'à la mauuaiſe heure,
Tu entrepris forcer noſtre palle demeure !
Ce fut pour Pirithois, à qui les noires Sœurs
Font ia porter la peine, ourdie aux rauiſſeurs :
Que ſi le bon ſecours du genereux Alcide,
Ne t'euſt ores tiré du creux Acherontide,
Tu euſſes ton ſupplice auſſi bien comme luy,
Pour auoir entrepris ſur la couche d'autruy.
Mais non non, ie voy bien, à fin que tu endures,
Pour ton mal perpetré, de plus aſpres tortures,
Pluton gros de vengence, & de colere gros,
Te permet de reuoir, auecques ce heros,
Ta fatale maiſon : maiſon, où les Furies
Ont iuſque à ton treſpas fondé leurs ſeigneuries.
Tu y verras l'inceſte, & le meurtre, & touſiours
Ton deſaſtre croiſtra, comme croiſtront tes iours.
Tu occiras, meurtrier, ta propre geniture :
Puis l'adultere mort de ta femme pariure,
Doublera tes ennuis, qui lentement mordans,
Te rongeront le cœur & le foye au dedans.
En fin quand ta langueur bien longuement traînée,
D'vne tardiue mort ſe verra terminée :

Et que fuyant le ciel *&* les celestes Dieux,
Tu penseras fuir ton tourment ennuyeux,
(Tourment, qui te ioindra plus estroict, qu'vn lierre
Ne ioint estroittement les murailles qu'il serre)
Le seuere Minos, *&* le cruel Pluton
Tous deux tes outragez, hucheront Alecton,
Megere, Tisiphone, execrables bourrelles,
Pour ribler, forcener, rauager en tes mouëlles,
T'élancer leurs serpens en cent plis renoüez,
T'ardre de leurs flambeaux, *&* de leurs rouges foüets
Te battre dos *&* ventre, aussi dru que la gresle
Craquetant, bondissant, decoupe vn espi gresle.

  Ia desia ie te voy porter l'affliction
De quelque Promethee, ou de quelque Ixion,
D'vn Tantale alteré, d'vn remangé Ticye,
D'vn Tiphon, d'vn Sisyphe, *&* si l'horreur noircie
De Pluton garde encore vn plus aspre tourment,
L'on t'en ira gesner perpetuellement.

  Or ie te plain sur tout, ma chere nourriture,
Et de mes ans vieillars la plus soigneuse cure,
Hippolyte, que i'aime autant que la vertu
Luist aimable en celuy, qui s'en monstre vestu.
Las! meurtry ie te voy par cette Minoïde,
(Si quelque bon Daimon auiourdhuy ne te guide)
Par cette Phedre icy, dont mon fils rauisseur,
Pour nostre commun mal accompagna sa sœur.
Que pleust aux Immortels, qu'vn tempesteux orage
Dés le port Gnossien en eust faict le naufrage!
Et que la mer mutine, enuelopant sa nef,
Eust abysmé dedans son impudique chef!

C.iij.

HIPPOLYTE,

Tu viurois, Hippolyte, & la mort violente
N’éteindroit auiourdhuy ta ieunesse innocente:
« Mais quoy? le sort est tel . L’inexorable sort
« Ne se peult esbranler d’aucun humain effort.
« Quand il est arresté, mon enfant, que l’on meure,
« On n’y peut reculer d’vne minute d’heure.
Pren en gré ta fortune : & fay que ton trespas
La gloire de tes ans ne deshonore pas.

HIPPOLYTE.

IA l’aurore se leue, & Phebus qui la suit,
Vermeil, fait recacher les flambeaux de la nuict.
Ia ses beaux limonniers commencent à répandre
Le iour aux animaux, qui ne font que l’attendre.
Ia les mons sourcilleux commencent à iaunir
Sous le char de ce Dieu, qu’ils regardent venir.
O beau soleil luysant, belle & claire planete,
Qui pousses tes rayons dedans la nuict brunette:
O grand Dieu perruquier, qui lumineux estetns,
Me decharmant les yeux, l’horreur des songes vains:
Songes qui trauailloyent durant cette nuict sombre,
Mon esprit combatu d’vn larmoyable encombre,
Ie te saluë, ô Pere, & resaluë encor,
Toy, ton char, tes cheuaux, & tes beaux rayons d’or.
Il me sembloit dormant, que i’erroy solitaire
Au creux d’vne forest, mon esbat ordinaire:
C’estoit dedans vn val, que mille arbres autour
Le ceincturant épois, priuent de nostre iour.
Il y fait tenebreux, mais non pas du tout comme
En la pleine mi-nuict, où nous charme le somme:

Mais comme il fait au soir, apres que le soleil
A retiré de nous son visage vermeil:
Et qu'il relaisse encore vne lueur, qui semble
Estre ny iour ny nuict, mais tous les deux ensemble.

    Dedans ce val ombreux estoit à droicte main,
Vn antre plein de mousse, & de lambruche plein:
Où quatre de mes chiens entrerent d'auanture,
Quatre molossiens de guerriere nature.
A grand' peine ils estoyent à la gueulle du creux,
Qu'il se vient presenter vn grand Lion affreux,
Le plus espouuantable & le plus effroyable,
Qui iamais hebergeast au Taure inhospitable.
Ses yeux estoient de feu, qui flamboient tout ainsi
Que deux larges tisons dans vn air obscurci.
Son col gros & charnu, sa poitrine nerueuse,
S'enfloient herissonnez d'vne hure crineuse:
Sa gueulle estoit horrible : & horribles ses dens,
Qui, comme gros piquets, apparoissoient dedans.
Mes chiens, bien que hardis, si tost ne l'auiserent,
Que saisis de frayeur, dehors ils s'élancerent :
Accoururent vers moy, tremblant & pentelant,
Criant d'vne voix casse, & comme s'adeulant.
Si tost que ie les voy si éperdus, ie tâche
De les rencourager : mais leur courage lâche
Ne se rasseure point : & tant plus que ie veux
Les en faire approcher, ils reculent peureux.
Côme vn grand chef guerrier, qui voit ses gens en fuite,
Et plusieurs gros scadrons d'ennemis à leur suitte,
A beau les enhorter, les prier, supplier,
De retourner visage, & de se rallier:

A beau faire promeſſe, a beau faire menaſſe:
C'eſt en vain ce qu'il fait : ils ont perdu l'audace,
Ils ſont ſourds & muets, & n'ont plus autre ſoing,
Que de haſter le pas, & de s'enfuir bien loing.

    I'empoigne mon eſpieu, dont le fer, qui flamboye
Deuant mon eſtomac, me decouure la voye:
Ie deſcend iuſque au bord, où ſoudain i'apperçoy
Ce grand lion patu, qui s'élance ſur moy,
Degorgeant vn tel cry de ſa gueulle beante,
Que toute la foreſt en reſonne tremblante,
Qu'Hymette en retentiſt, & que les rocs, qui ſont
Au bord Thriaſien, en ſourcillent le front.
Ferme ie me roidis, adoſſé d'vne ſouche,
Auancé d'vne jambe, & à deux bras ie couche
Droit à luy mon eſpieu, preſt de luy trauerſer
La gorge ou l'eſtomac, s'il ſe cuide auancer.
Mais las! peu me ſeruit cete braue aſſeurance.
Car luy ſans faire cas du fer que ie luy lance,
Non plus que d'vn feſtu, que i'euſſe eu dans la main,
Me l'arrache de force, & le rompt tout ſoudain:
Me terraſſe à ſes pieds, me couche, & me ſaboule,
Auſſi facillement qu'il euſt faict vne boule.

    Ia ſes griffes fondoyent dans mon eſtomac nu,
L'eſcartelant ſoubs luy comme vn poulet menu
Qu'vn Milan a rauy ſous l'eſle de ſa mere,
Et le va deſchirant de ſa griffe meurtriere:
Quand vaincu de tourment, ie iette vn cry ſi haut,
Que i'en laiſſe mon ſonge, & m'éueille en ſurſaut,
Si froid & ſi tremblant, ſi glacé par la face,
Par les bras, par le corps, que ie n'eſtoy que glace.

Ie fu long temps ainsi dans mon lict estendu,
Cà & la regardant comme vn homme esperdu,
Que l'esprit, la memoire, & le sens abandonne,
Qui ne sçait ce qu'il est, ne cognoist plus personne,
Immobile, insensible, elourdé, qui n'ha plus
De pensement en luy, qui ne soit tout confus.
　　Mais ce n'est pas encor tout ce qui m'épouuante:
Mais ce n'est pas encor tout ce qui me tourmente:
Ce n'est pas, ce n'est pas cela tant seulement,
Qui me fait presagir vn triste euenement.
I'ay le cœur trop hardy, pour estre faict la proye
Si miserablement, d'vn songe, qui m'effroye.
" 　Le songe ne doibt pas estre cause d'ennuy,
" 　Tant foible est son pouuoir, quand il n'y a que luy:
" 　Ce n'est qu'vn vain sēblāt, qu'vn fantôme, vne image,
" 　Qui nous trompe en dormāt, & non pas vn presage.
　　Depuis quatre ou cinq nuicts le Hibou n'a iamais
Cessé de lamenter au haut de ce palais:
Et mes chiens, aussi tost qu'ils sont en leurs estables,
Comme loups par les bois, hurlent espouuantables:
Les tours de ce chasteau noircissent de corbeaux,
Iour & nuict aperchez, sepulcraliers oyseaux:
Et n'en veuleut partir, ores qu'on les dechasse,
Si ce n'est quelque fois, quand ie sor à la chasse.
Car alors tous ensemble ils s'élancent des tours,
Et croassant sur moy m'accompagnent tousiours,
Bauolant çà & là, comme vne espoisse nue,
Qui vogue parmy l'air, du Soleil soustenue.
　　I'ay faict ce que i'ay peu, à fin de destourner
Ce malheur menassant, qui me vient estonner.
D.j.

Quelles sortes de vœux, quelles sainctes manieres
D'appaiser les hauts Dieux, & leur faire prieres,
N'ay-ie pas esprouué? à qui des Immortels,
N'ay-ie d'vn sacrifice échauffé les autels?
Qu'est-ce que ie n'ay faict, pour aller alencontre
Des iniures du ciel, & de mon malencontre?
" Mais quoy? rien ne se change: on a beau faire vœux,
" On a beau immoler des centeines de bœufs,
" C'est en vain, c'est en vain: tout cela n'a puissance
" De varier en rien la celeste ordonnance.
Hier sacrifiant à toy pere Iupin,
Vne blanche brebis, pour t'auoir plus benin:
Bien que mortellement elle fust entamee,
Et qu'ardist autour d'elle vne flamme allumee:
Bien qu'elle eust pieds & teste ensemblément liez,
Se leua par trois fois dessur les quatre pieds:
Et secouant son sang, qui sur l'autel degoute,
M'en arrosa la face, & l'ensanglanta toute.
Et encore, ô prodige! apres qu'on veit le feu
S'estre gloutonnement de son beau sang repeu,
Le prebstre contemplant le dedans de l'hostie,
N'y trouua point de foye en aucune partie.
O Dieux, ô Dieux du ciel! qui auez soing de nous,
Et qui ne bruslez point d'vn rigoureux courroux
Contre le sang humain. Dieux! qui n'estes seueres,
Que pour nostre forfaict, soyez moy salutaires.
Conseruez-moy, bons Dieux! & Toy, que i'ay tousiours
En mes aduersitez imploree à secours,
Amorty ces frayeurs, qui me glacent les veines,
O Deliene! & fay qu'elles demeurent vaines:

Recule tout prodige, & tout signe mauuais
Loing de moy, ma Deeße, & loing de ce Palais.

CHOEVR DE CHASSEVRS.

Deeße fille de Latone,
  De Dele le bon heur jumeau,
  Qui t'accompagnes d'vn troupeau,
  Que la chasteté n'abandonne:
  Si les mons herißez de bois,
  Si le sein toffu d'vne taille,
  Si les rocs à la dure escaille,
  Te sont agreant quelquesfois:
  Quand du front passant tes pucelles,
  L'arc & la trousse sur le dos,
  La trompe creuse, à tes eßelles,
  Tu vas chassant d'vn pied dißpos.
O montagneuse, ô bocagere,
  Ayme-ruisseaux, hante-deserts,
  Guide nos pas en tes forests,
  Apres quelque biche legere,
  Que si fauoriser te chaut
  Nostre chasseresse entreprise,
  Nous t'appendron de nostre prise
  La despouille, en vn chesne haut:
  Et de fleurs les temples couuertes,
  Sous l'arbre trois fois entouré,
  Les mains pleines de branches vertes,
  Chanterons ton nom adoré.
Heureuse nostre dure vie,
  Que la faim auare de l'or,

La haine, ny l'amour encor,
N'ont à leurs poisons asseruie:
Mais qui faicts compagnons des Dieux,
Nous exerce à faire vne queste,
Ores d'vn cerf branchu de teste,
Ores d'vn sanglier furieux,
Que tout exprés produit Nature,
Pour seruir d'esbat innocent,
Au creux d'vne forest obscure,
A nous, qui les allons chassant.
Quel plaisir de voir par les landes,
Quand les mois tremblent refroidis,
Les cerfs faire leur viandis,
Faute de gagnaiges, aux brandes?
Et recelez au plus profond
Des bois, cercher entre les hardes
De diuerses bestes fuiardes,
L'arbry du vent, qui les morfond?
Puis si tost que l'an renouuelle,
A repos dedans leurs buissons,
Refaire vne teste nouuelle,
Qui endurcist iusque aux moissons?
Adonc l'Amour, qui époinçonne
Toute creature à s'aimer,
Les fait du ruth si fort bramer,
Que le bois d'autour en resonne.
Vous les verrez de grand courroux,
Gratter des quatre pieds la terre:
Et d'vne forcenante guerre,
Se briser la teste de coups.

La biche regarde, peureuse,
Incerteine lequel sera,
Que la victoire imperieuse,
Pour son mary luy baillera.
Lancez par les piqueurs, ils rusent,
Ores changeant, ores croisant,
Ore à l'écart se forpaisant
D'entre les meutes qu'ils abusent:
Ore ils cerchent de fort en fort,
Les autres bestes qui les doubtent,
Et de force en leur lieu les boutent,
Pour se garantir de la mort.
Là se tapissant contre terre,
Les pieds, le nez, le ventre bas,
Moquent les chiens, qui vont grand erre,
Dependant vainement leurs pas.
Tandis nous voyons d'auanture,
Vermeiller dedans vn pastis,
Ou faire aux fraicheurs ses boutis,
Vn Sanglier à l'horrible hure,
Qu'vne autre fois, armez d'espieux,
Et de chiens, compagnons fidelles,
Malgré ses deffences cruelles,
Nous combattons audacieux.
Quelque fois d'vne course viste,
Nous chassons les lieures soudains,
Qui plus cauts meslent à leur fuitte
La ruse, pour frauder nos mains.
Quand le soir ferme la barriere
Aux cheuaux establez du iour,

Et que toy Diane, à ton tour
Commences ta longue carriere:
Comme les forests, ton soucy,
Tu vas quittant à la nuit brune,
Pour reluire au ciel, belle Lune,
Lassez nous les quittons aussi:
Nous retournons chargez de proye,
En nostre paisible maison,
Où soupant d'vne allegre ioye,
Deuorons nostre venaison.

ACTE II.

PHEDRE.   NOVRRICE.

Ph. O Royne de la mer, Crete, mere des Dieux,
  Qui as receu naissant le grand moteur des cieux:
O la plus orgueilleuse & plus noble des isles,
Qui as le front orné de cent fameuses villes:
O terre de Saturne, où les riuages torts
Remparez de rochers, s'ouurent en mille ports,
En mille braues ports, qui defendus de l'onde,
Reçoiuent des vaisseaux de toutes parts du monde.
Pourquoy mon cher seiour, mon cher seiour, pourquoy
M'as-tu de toy banie en eternel émoy?
Las! pourquoy, ma patrie, as-tu voulu, cruelle,
Me faire choir és mains d'vn amant infidelle?
D'vn espoux deloyal? qui pariurant sa foy,
Adultere sans cesse, & ne fait cas de moy?
Me laisse desolee, helas, helas! me laisse
Sur ce bord estranger, languissant de tristesse?

O Dieux! qui de là haut voyez comme ie suis,
Qui voyez mes douleurs, qui voyez mes ennuis:
Dieux, qui voiez mõ mal! Dieux, qui voiez mes peines!
Dieux, qui voyez secher mon sang dedans mes veines!
Qui voiez mes douleurs & mon mortel émoy:
Bons Dieux, grands Dieux du ciel prenez pitié de moy!
Ouurez, ie vous supply, les prisons à mon ame,
Et mon corps renuersez dessous la froide lame,
Pour finir mes langueurs, qui recroîtront tousiours,
Sans iamais prendre fin, qu'en finissant mes iours,
L'espoir de ma santé n'est qu'en la tombe obscure:
Ma guarison n'est plus que d'vne sepulture.
Parlé-ie de mourir? hé pauurette! mon corps,
Mon corps, ne meurt-il pas tous les iours mille morts?
Helas, helas, si fait! ie ne suis plus en vie:
La vie que i'auoy, m'est de douleur rauie.
Pour le moins si ie vis, ie vis en endurant
Iour & nuiét les langueurs, qu'on endure en mourant.
    O Phedre! ó pauure Phedre! hé qu'à la mauuaise heure
Tu as abandonné ta natalle demeure!
Qu'il t'eust bien mieux valu, pauure Princesse, alors
Que tu te mis sur mer, perir de mille morts.
Qu'il t'eust bien mieux valu, tomber dessous les ondes,
Et remplir l'estomac des Phoques vagabondes,
Lors qu'à ton grand malheur vne indiscrette amour
Te fist passer la mer, sans espoir de retour.
Qu'il t'eust bien mieux valu, delaissee au riuage,
Comme fut Ariadne, en vne isle sauuage,
Ariadne ta sœur, errer seule en danger
Des lions Naxeans, qui t'eussent peu manger,

Pluſtoſt qu'adoulouree, & de viure aſſouuie,
Trainer ſi longuement ton ennuieuſe vie:
Pluſtoſt pluſtoſt que viure en vn eternel dueil,
Ne faiſant iour & nuict qu'abayer au cercueil.
  Voyla mon beau Theſé, qui, ſuiuant ſa coutume
D'eſtre inſtable en amours, d'vn nouueau feu s'alume.
Voyla qu'il m'abandonne, apres que le cruel
M'a fait abandonner mon ſeiour naturel:
Apres qu'il ma rauie aux yeux de mon bon pere,
Et aux ambraſſemens de ma doulente mere,
Fugitiue, banie, & qu'il a contenté
Son ardeur, des plaiſirs de ma virginité,
Il va de Pirithois compagnon deteſtable,
Enleuer de Pluton l'eſpouſe venerable.
La terre leur eſt vile : ils vont chercher là bas,
Sur les riuages noirs, leurs amoureux eſbas.
L'enfer, qui n'eſt qu'horreur, qui n'eſt que toute rage,
Qu'encombre & que tourment, ne domte leur courage.
  Mais, ſoyent tãt qu'ils voudront aux infernaux palus,
Ce n'eſt pas la douleur, qui me geſne le plus:
Vn plus aſpre tourment rampe dans mes moüelles,
Qui les va tenaillant de paſſions cruelles.
Le repos de la nuict n'allege mes trauaux:
Le ſomme Lethean n'amortiſt point mes maux:
Ma douleur ſe nourriſt, & croiſt touſiours plus forte.
Ie brûle, miſerable, & le feu, que ie porte
Enclos en mes poumons, ſoit de iour, ſoit de nuict,
De ſoir ou de matin, de plus en plus me cuit.
I'ay l'eſtomac plus chaud, que n'eſt la chaude braiſe.
Dont les Cyclopes nus font rougir leur fournaiſe,

Quand

Quand au creux Etnean, à puiſſance de coups,
Ils forgent, renfrongneʒ, de Iupin le courroux.
    Hé bons Dieux! que feray-ie? auray-ie touſiours pleine
La poiƈtrine & le cœur, d'vne ſi dure peine?
Souffriray-ie touſiours? ô malheureux Amour!
Que mauditte ſoit l'heure, & maudit ſoit le iour,
Que ie te fu ſugette! ô quatre fois mauditte,
La fleche, que tu pris dans les yeux d'Hippolyte:
D'Hippolyte, que i'ayme, & non pas ſeulement
Que i'ayme, mais duquel i'enrage follement.
Nour. Ne verray-ie iamais hors de voſtre penſee,
Cruelle s'affligeant, cette amour inſenſee?
Languireʒ-vous touſiours, race de Iupiter,
Sous ce monſtre d'Amour, que vous deuſſieʒ domter?
Domteʒ-le ma maiſtreſſe, & par cet aƈte inſigne,
Monſtreʒ-vous, ie vous pry, de voſtre Theſé digne,
Theſee eſt renommé par tout cet vniuers,
Pour auoir combattu tant de monſtres diuers:
Et vous emportereʒ vne pareille gloire,
Si de ce fier ſerpent, vous aueʒ la victoire.
«   Amour eſt vn ſerpent, vn ſerpent voirement,
«   Qui dedans noſtre ſein gliſſe ſi doucement,
«   Qu'à peine le ſent on: mais ſi l'on ne prend garde
«   De luy boucher l'entree, & tant ſoit peu l'on tarde,
«   Bien toſt, priueʒ d'eſpoir de toute guariſon,
«   Nous aurons noſtre ſang infeƈt de ſa poiſon:
«   Et alors (mais trop tard) connoitrons noſtre faute,
«   D'auoir ſouffert entrer vne beſte ſi caute.
Gardeʒ-vous donq, Madame, & en vous efforçant,
De bonne heure étouffeʒ cet Amour blandiſſant,
                                        E.j.

De peur qu'il s'enracine, & qu'apres on ne puisse,
Quand il sera trop fort, combatre sa malice.
" Celuy n'est pleint d'aucun, qui, obstiné, ne veut
" Euiter son malheur, quand euiter le peut.
" Il faut preuoir son mal: on diroit estre beste
" Cil, qui pleindroit le ioug qu'il s'est mis sur la teste.
Ph. Ie suis preste tousiours de constamment souffrir
Tel hasard, qu'aux bons Dieux il plaira de m'offrir.
" No. Ce n'est pas vn hasard, s'il vient vne infortune
" De nostre seule faute, & non de la fortune:
" Alors est-ce hasard, s'il nous eschet d'auoir
" Quelque accident mauuais, que n'ayons peu preuoir.
Mais, las ! vostre malheur vous est tout manifeste.
Ph. I'ay bonne confiance en la faueur celeste.
No. Pensez-vous que les Dieux fauorisent nos maux?
Ph. Appelez-vous vn mal, mes amoureux trauaux?
Nour. Non, ce n'est pas vn mal, c'est vn crime execrable,
Vn prodige, vn forfaict qui n'ha point de semblable.
Ph. O puissante Venus! No. Venus n'inuoquez point.
Ph. Las! Nourrice, pourquoy? c'est son fils qui me poind.
Nour. Vn Dieu n'est point auteur d'vn si vilain inceste.
Ph. Il embrase mon cœur. Nour. Plustost il le deteste.
Ph. Les Dieux ne sont faschez que l'on s'aime icy bas.
Nour. Les Dieux ne sont ioyeux de nos salles esbats.
Ph. Ils sont touchez d'amour, aussi biẽ que nous sõmes.
No. Ils ne sont point touchez des passions des hõmes.
Ph. Et quoy? pour s'entre-aimer, cõmet-on tant de mal?
No. Non pas pour s'entre-aimer d'vn amour coniugal.
Ph. L'amour ne se doibt pas borner du mariage.
Nour. Ce ne seroit sans luy qu'vne brutale rage.

Ph. Nature ne nous fait esclaues d'vn espoux.
No. Nõ, mais les saintes loix, qui sont faictes pour nous.
Ph. Les hommes, nos tyrans, violant la Nature,
Nous contraignent porter cette ordonnance dure,
Ce miserable ioug, que ny ce que les flots
Enferment d'escaillé, ny ce qui vole enclos
Dans le vuide de l'air, ce qui loge aux campagnes,
Aux ombreuses forests, aux pierreuses montagnes,
De cruel, de bening, de sauuage, & priué,
Plus libre qu'entre nous, n'a iamais esprouué.
Là l'innocente amour s'exerce volontaire,
Sans pallir sous les noms d'inceste & d'adultaire,
Sans crainte d'vn mari, qui flambe de courroux
Pour le moindre soupçon, qu'ait son esprit ialoux.
Et n'est-ce pas pitié qu'il faille, que l'on aime
A l'appetit d'vn autre, & non pas de soymesme?
" En ce monde n'y a pire subiection,
" Que de se voir contraindre en son affection.
No. Que dites vous, Madame? est-ce vne chose hõneste,
D'ainsi vous abiecter aux façons d'vne beste?
Ph. Nourrice, ie me plais en leurs libres amours.
Nour. Et quelle liberté n'auez vous eu tousiours
De vostre bon mari, qui loyaument vous aime,
Vous prise & vous cherist plus qu'il ne fait soymesme?
Ph. C'est pourquoy volontiers il est absent de moy.
Nour. Pirithous l'a contraint d'aller auecques soy:
Puis qu'il auoit promis, il debuoit ainsi faire.
" Qui promet quelque chose il y doibt satisfaire.
Ph. Mais il est chez Pluton, pour violer son lict.
Nour. Il ne l'en faut blasmer, ce n'est pas son delict.

E.ij.

Ph. *Ceux qui sont compagnons à faire vn acte infame,*
Sont compagnons aussi pour en receuoir blasme.
Nour. *Ce que Thesee a faict, il l'a faict pour autruy.*
Ph. *Il en est d'autant plus punissable que luy.*
Nour. *Pirithois de sa Dame auoit l'ame embrasee.*
Ph. *Cela luy sert d'excuse, & non pas à Thesee.*
Nour. *L'on parlera par tout d'vn amy si parfaict.*
Ph. *L'on parlera par tout d'vn si malheureux faict.*
Nour. *Pluton l'auoit iadis à sa mere rauie.*
Ph. *Si Pluton a mal-faict, y portent-ils enuie?*
Nour. *Ils ne sont rauisseurs que sur vn rauisseur.*
Ph. *Pluton la prise à femme, & en est possesseur.*
Nour. *Mais à qui se plaindra Pluton de son offence?*
Ph. *Il ne s'en plaindra pas, il en prendra vengeance.*
Nour. *Thesé, qui, compagnon du grand Tyrinthien,*
A presque tout couru ce globe terrien,
Qui a faict, indomté, tant de braues conquestes,
Qui a tant combatu d'espouuantables bestes,
Tant domté d'ennemis, tant dé monstres défaicts,
Tant meurtri de Tyrans, pour leurs iniustes faicts,
Aura peur volontiers des nocturnes encombres
De Pluton, qui n'est Roy que de peureuses ombres.
Ph. *Quoy? les Demons qu'il a, seront-ils trop peu forts,*
Pour oser repousser ses outrageux efforts?
 " *Non, ma Nourrice, non: les puissances humaines,*
 " *Tant grãdes qu'elles soyent, là bas demeurent vaines.*
 " *Nul qui soit deualé sur le bord stygieux,*
 " *N'est iamais remonté pour reuoir les hauts cieux.*
 " Nour. *Celuy, qui pour entrer a sceu forcer la porte,*
 " *La pourra reforcer quand il faudra qu'il sorte.*

« Ph. Il est aisé d'entrer dans le palle seiour:
« La porte y est ouuerte, & ne clost nuict ne iour.
« Mais qui veut ressortir de la salle profonde,
« Pour reuoir derechef la clarté de ce monde,
« En vain il se trauaille, il se tourmente en vain,
« Et tousiours se verra trompé de son dessain.
Mais feignon qu'il eschappe, & que vif il se treuue
Repassé par Charon. deça le triste fleuue:
Pensez-vous qu'il seiourne vne seule saison,
Auec moy s'esbattant, paisible, en sa maison,
Ains qu'il n'aille aussi tost en quelque estrange terre,
Chercher, impatient, ou l'amour, ou la guerre,
Me laissant, miserable, icy seule à iamais?
Nour. Il sera plus long tems auec vous desormais.
Mais quoy qu'il vueille faire, & quoy que sa nature,
Qui est de pourchasser tousiours quelque aduenture,
L'arrache de vos bras, pour le ietter bien loing:
Quoy qu'il ne prenne pas de vous assez de soing,
Et qu'il ne garde assez la foy de mariage,
Rien ne vous est pourtant octroyé dauantage,
Pour cela ne debuez vous dispenser d'auoir
Tout autant de respect à vostre saint debuoir.
« Le mal qu'vn autre fait, n'est pas cause vallable
« De nous faire à l'enuy commettre vn mal semblable.
« Le vice ne doibt pas les hommes inciter
« De le prendre à patron, táchant de l'imiter.
Voyez-vous pas les Dieux nous estre debonnaires,
Bien qu'à les offencer nous soyons ordinaires?
Voyez-vous pas le ciel perpetuer son cours,
Et le luisant Phebus faire ses mesmes tours,

Et n'eſtre d'vn moment ſa carriere plus laſche,
Bien que noſtre meſfaict inceſſamment le faſche?
Car depuis que ſon œil de luire commença,
Que ſes premieres fleurs le Printems amaſſa,
Que l'Eſté nous donna ſes deſpouilles premieres,
L'Automne vendengeur ſes grappes vinotieres,
Et que l'hyuer glacé fiſt le premier amas,
Deſſur ſon chef griſon, de neige, & de frimas,
Des malheureux humains les natures fautieres,
Ont courroucé les Dieux en cent mille manieres.
Et toutesfois, bons Dieux, vous ne laiſſez d'ouurir
Le ſein de noſtre mere, à fin de nous nourrir.
Vous ne nous oſtez pas le Soleil ordinaire,
De qui l'œil nous nourriſt, nous chauffe, & nous esclaire.
Vous ne nous oſtez pas l'Eſté, ny le Printems,
L'Automne, ny l'Hyuer: ils viennent en leur tems:
Seulement quelques fois, quand la monſtreuſe maſſe
Des freres Etneans, Titanienne race,
Entreprend de forcer le ciel etherean,
Vous leuez lors la main ſur le champ Phlegrean,
Et d'vn foudre ſonnant bouleuerſez les feſtes
D'Oſſe & de Pelion, ſur leurs ſuperbes teſtes.
« Iamais nos cruautez ne font les Dieux cruels:
« Si nous ſommes meſchans, pourtant ils ne ſont tels:
« Si nous ſommes ingrats à leur bonté ſupreſme:
« Si nous les oublions, ils ne ſont pas de meſme.
« Ainçois le plus ſouuent que nous meritons bien
« D'eſtre punis, c'eſt lors qu'ils nous font plus de bien.
Et ne voyons nous pas qu'au lieu de nous attcindre
De leurs foudres bruyans, ils ne font que ſe feindre?

Et que le traict de feu, qui grondant, aboyant,
De tempeste & d'esclairs nous va tant effroiant,
Le plus souuent ne bat que les montagnes hautes,
Et non pas nous mechans, qui commettons les fautes?
Ainsi, Madame, ainsi, vous ne debuez laisser,
Pour Thesé vostre époux, qui vous peut offenser,
D'auoir cher vostre honneur : & luy garder, loyale,
Iusque au pied du tombeau, vostre amour coniugale.
Ph. Ie ne sçauroy, Nourrice, & ne le doibs aussi.
Aimeray-ie celuy qui n'ha de moy soucy?
Qui n'ha que l'inconstance, & de qui la moüelle
S'enflamme incessamment de quelque amour nouuelle?
Heleine Ledeanne aussi tost il ne veit,
Qu'épris de sa beauté, corsaire, il l'a rauit,
Depuis il eut au cœur, Hippolyte, ta mere,
Qu'il amena, veinqueur, d'vne terre estrangere,
Puis, ô pauure Ariadne, ô ma chetiue sœur,
Tu pleus à cet ingrat, cet ingrat rauisseur,
Qui pour le bon loyer de l'auoir pitoyable,
Sauué du Mi-taureau, ce monstre abominable,
Sur le bord Naxean te laissa l'inhumain,
Pour estre deuoree, ou pour mourir de faim.
En fin mon mauuais sort me mit en sa puissance,
Pour goûter à mon tour sa legere inconstance.
Ores soulé de moy, possible, aux sombres lieux
Cerche quelque beauté, qui rauisse ses yeux.
Que s'il en treue aucune, & qu'elle luy agree,
Qu'attendé-ie sinon que ie soy' massacree,
Comme fut Antiope, ou qu'il me laisse au bord
Où il laissa ma sœur, pour y auoir la mort?

Or alleƵ me louer la loyauté des hommes:
AlleƵ me les vanter, ô folles que nous sommes!
O folles quatre fois: helas! nous les croyons,
Et sous leurs feints soupirs, indiscrettes, ployons.
Ils promettent asseƵ, qu'ils nous seront fidelles,
Et que leurs amitieƵ nous lieront eternelles:
Mais, ô deloyauté! les faulsaires n'ont pas
Si tost nos simples cœurs surpris de leurs appas,
Si tost ils n'ont deceu nos credules pensees,
Que telles amitieƵ se perdent effacees:
Qu'ils nous vont dedaignant, se repentant d'auoir
Trauaillé, langoureux, voulant nous deceuoir.
Nour. OsteƵ de vostre esprit cette rage ialouse:
Vous estes d'vn grand Roy la cherissable espouse,
Le desir & la vie: il ne vous faut penser,
Que iamais pour vne autre il vous doibue laisser.
Ph. Il n'y a plus d'espoir, ie n'y puis plus que faire:
Ie porte dans les os mon cruel aduersaire:
Il a forcé le mur, & planté l'estandart,
Malgré ma resistance, au plus haut du rampart.
Ie suis en sa puissance, & quoy que ie luy brasse,
Ie ne puis, tant est fort, luy enleuer la place.
Mes efforts tombent vains, & ne peut la raison
Me secourir maistresse, il la tient en prison.
Nour. Vous laisseƵ-vous ainsi subiuguer, imbecile,
A cette passion, de toutes la plus vile?
VouleƵ-vous diffamer vostre nom de mesfaicts,
Et veincre vostre mere en ses lubriques faicts?
Puis ne craigneƵ-vous point vn remord miserable,
Qui se viendra plonger en vostre esprit coupable,

Bourreau perpetuel, & ioygnant à vos os,
Ne vous lairra iamais sommeiller en repos?
Reprimez, ie vous pry, cet ardeur malheureuse,
Reprimez cet Amour, qui ard incestueuse
Autour de vos roignons : reprimez, reprimez,
Auecques la raison, ces desirs enflamez,
Qu'aucune nation, tant barbare fust-elle,
Tant fust-elle à nos loix brutalement rebelle,
N'eut iamais en l'esprit : non les Getes espars,
Non les Scythes errans, cruels peuples de Mars,
Non les Sarmates durs, non le negeux Caucase,
Non le peuple qui boit dans les ondes de Phase.
Voulez-vous engendrer en vostre ventre infait,
De vous & vostre fils, vn monstre contrefait?
Voulez-vous que la mere auec son enfant couche,
Flanc à flanc accouplez en vne mesme couche?
    Or allez, hastez-vous, ne vous espargnez pas,
Exercez vostre soul vos furieux esbats.
Que tardez-vous encor? pourquoy la salle ouuerte
Du monstre vostre frere, est si long tems deserte?
Et pourquoy ne se va vostre race étoffant
Des membres merueilleux de quelque énorme enfant?
    Les monstres trop long tems en vostre maison cessent:
Il vous faut efforcer que quelques vns y naissent:
Sus donq, mettez y peine. Et mais quoy? n'est-ce pas
O saincte Paphienne, vn merueillable cas,
Qu'autant de fois qu'Amour poindra de sa sagette
Le cœur enamouré d'vne fille de Crete,
La terre autant de fois des prodiges verra,
Nature autant de fois de son cours sortira?

F.j.

Ph. Las! Nourrice, il est vray: mais ie n'y puis que faire.
Ie me trauaille assez, pour me cuider distraire
De ce gluant Amour, mais tousiours l'obstiné
Se colle plus estroit à mon cœur butiné.
Ie ne sçauroy sortir, libre, de son cordage,
Ma chaste raison cede à sa forçante rage:
Tant il peut dessur nous, quand vne fois son trait
Nous a troublé le sang de quelque beau pourtrait.

I'ay tousiours vn combat de ces deux aduersaires,
Qui s'entre vont heurtant de puissances contraires.
Ores cetuy là gaigne, & ores cetuy cy,
Cetuy cy perd apres, cetuy là perd aussi:
Maintenant la raison ha la force plus grande,
Maintenant la fureur plus forte, me commande:
Mais tousiours à la fin Amour est le veincœur,
Qui, paisible du camp, s'empare de mon cœur.

Ainsi voit on souuent vne nef passagere,
Au millieu de la mer, quand elle se colere,
Ne pouuoir aborder, tant vn contraire vent
Seigneuriant les flots, la bat par le deuant.
Les nochers esperdus ont beau caler les voiles,
Ont beau courir au mast, le desarmer de toiles,
Ont beau coucher la rame, & de tout leur effort
Tâcher, malgré le vent de se trainer au port.
Leur labeur n'y fait rien: la mugissante aleine,
Du Nort, qui les repousse, aneantist leur peine:
La nef court élancee, ou contre quelque banc,
Ou contre quelque roc, qui luy brise le flanc.
Ainsi cete fureur violente s'oppose
A ce que la raison salutaire propose.

Et soubs ce petit Dieu tyrannise mon cœur.
C'est ce Dieu,qui des Dieux & des hommes veincueur,
Exerce son empire au ciel,comme en la terre:
Qui ne craint point de faire à Iupiter la guerre:
Qui domte le Dieu Mars,ores qu'il soit d'armet,
De greve,& de cuirasse,armé iusqu'au sommet:
Qui le Dieu forgeron brusle dans la poitrine
Au milieu de sa forge,où le foudre il affine:
Le pauure Dieu Vulcan,qui tout étincelant
Aus fourneaux ensouffreʒ trauaille,martelant,
Qui tousiours ha le front penché dans la fournaise,
Qui à bras decouuerts va pincetant la braise,
Sans qu'il soit offencé de la force du feu,
De ces tisons d'Amour se deffendre n'a peu.
Il brusle en l'estomac,& tout sucux s'étonne,
Qu'en luy qui n'est que feu,cet autre feu s'entonne.
Nour. Voire on a feinct Amour vn redoutable Dieu,
Vagabond,qui ne loge en aucun certain lieu.
Il porte comme oyseau,le dos empané d'esles:
Il ha le beau carcois,qui luy pend aux escelles:
Il ha tousiours les yeux aueugleʒ d'vn bandeau:
Il ha,comme vn enfant,delicatte la peau,
La chair tendre & douillette,& la perruque blonde
De cheueux frisoteʒ,comme les plis d'vne onde.
Cyprine l'enfanta,qui sentit tost aprés
Blessee enragément,la rigueur de ses trets.
Il guerroye vn chascun. car luy qui ne voit goute,
Du sang d'vn Immortel aussi souuent degoute,
Que de quelqu'vn de nous : aussi le traistre enfant
Est du ciel,de la terre,& des eaux trionfant.

F.ij.

Voila comment le vice en se flatant, coupable,
Couure son appetit d'vne menteuse fable.
Voila comme excusant nos lubriques desirs,
Nous bastissons vn Dieu forgeur de nos plaisirs,
Aufeur de nostre honte, & n'auons peur qu'vn foudre,
Pour telle impieté, nous broye tous en poudre.
" Quiconques s'orgueillist de sa prosperité,
" Qui ne prend sa fortune auec sobrieté,
" Qui tombe de molesse, & delicat, ne treuue
" Rien à son appetit, que toute chose neuue:
" Qui ore en ses habits, ores en son manger,
" Ore en ses bastimens, ne veut rien qu'estranger,
" Celuy le plus souuent en ses entrailles porte,
" De l'amoureuse ardeur vne pointe plus forte
" Que le pauure commun, & son esprit troublé,
" Va tousiours forcenant d'vn desir dereglé.
" L'amour accoustumé luy deplaist, trop vulgaire:
" Il veut s'esbatre d'vn, qui ne soit ordinaire,
" Qui ne soit naturel, mais tout incestueux,
" Mais tout abominable, horrible & monstrueux.
" Tousiours tousiours les grands ont leurs ames éprises,
" Ont leur cœur enflammé de choses non permises.
" Celuy qui peut beaucoup, veut encor plus pouuoir:
" Et cil qui ha beaucoup, veut encor plus auoir.
Mais qui vous flechira ce ieune homme inflechible?
Voyez-vous pas combien il est inaccessible?
Comme l'Amour il fuit, & l'amoureux lien?
Comme il vit solitaire en Amazonien?
Ph. Ie le suiuray par tout, dans les forests ombreuses,
Sur les coupeaux blanchis de neiges paresseuses,

Sur les rochers aigus bien qu'ils touchent les cieux,
Au trauers des sangliers les plus pernicieux.
Nour. Il fuira deuant vous comme deuant vne ourse,
Qui tâche recouurer ses petits à la course.
Ph. Ie ne croy pas cela d'vne si grand' beauté.
Nour. Il est encor plus dur, ce n'est que cruauté.
Ph. L'amour amolist tout, fust-ce vn rocher sauuage.
Nour. Vous ouurirez plustost vn roc que son courage.
Puis il s'ira cacher au profond des desers.
Ph. Ie le trouueray bien, & fust-il aux enfers,
Fust-il où le Soleil au soir sa teste trempe,
Fust-il où le matin il allume sa lampe.
Nour. Que vous dira Thesé, s'il retourne vne fois?
Ph. Mais moy, que luy diray-ie, & à son Pirithois?
Nour. Et encor que dira vostre rigoureux pere?
Ph. Qu'a til dict à ma sœur? qu'a til dict à ma mere?
N. Par ces cheueux grisons, tesmoins de mes vieux ans,
Par ce crespé estomac, chargé de soings cuisans,
Par ce col recourbé, par ces cheres mamelles,
Que vous auez pressé de vos leures nouuelles,
Ie vous pry, ma douce Ame, & par ces tendres pleurs,
Que i'épan de pitié, preuoyant vos malheurs:
Ma vie, mon soucy, ie vous prie à mains ioinctes,
Deracinez de vous ces amoureuses pointes:
Vueillez-vous, mon Amour, vous mesmes secourir.
C'est presque guarison, que de vouloir guarir.
Ph. Or ie n'ay pas encor dépouillé toute honte.
Sus, mon cruel amour, il faut que l'on te domte.
Ie sçay qui te veincra, mon honneur m'est trop cher,
Pour le laisser par toy si follement tacher.

F.iij.

La mort te combatra : sus sus, il me faut suiure
Mon desiré mary, ie suis lasse de viure.
Nour. Las, mon cher nourriçon, n'ayez pas ce propos!
Ph. Non non, ie veu mourir : la mort est mon repos.
Il ne me reste plus qu'aduiser la maniere,
Si ie doy m'enferrer d'vne dague meurtriere,
Si ie doy m'estrangler d'vn estouffant licol,
Ou saillir d'vne tour, & me briser le col.
Nour. Au secours, mes amis, au secours, elle est morte!
Ie ne la puis sauuer, ie ne suis assez forte.
Ph. Taisez-vo°, Ma nourrice. N. Et cômêt, ma douceur?
Et comment, ma mignonne? est-ce là le bonheur,
Que i'esperoy de vous? est-ce là la liesse,
Que de vous attendoit ma tremblante vieillesse?
Laissez ce fol desir, qui gaigne vos esprits.
" Ph. Celuy qui de mourir a constant entrepris,
" Ne peut estre empesché par aucun qu'il ne meure:
" Si ce n'est à l'instant, ce sera quelque autre heure.
N. Hé! q voulez vo° faire? & pourquoy mourez vous?
Rompez plustost la foy promise à vostre espoux,
Et plustost méprisez le bruit du populaire.
" Le bruit du populaire erre le plus souuent,
" Louant vn vicieux, au lieu d'vn bien viuant.
Il nous faut aborder cet homme solitaire,
Et tâcher d'amollir son naturel seuere:
Cela sera ma charge. or ayez donq bon cœur,
Peut-estre pourrons nous adoucir sa rigueur.

C H OE V R.

Ne verron nous iamais le iour,
Que l'on soit libre de l'amour?

Iamais ne se verra le monde
Affranchy de la dure main
De ce Dieu, qui regne, inhumain,
Au ciel, en la terre, & en l'onde?
  C'est grand cas, que les Dieux, qui ont
Tout pouuoir sur ce monde rond,
N'ont diuinité, qui repousse
D'vn Enfant les debiles coups,
Et qu'ils sont naurez à tous coups,
Des trets venimeus de sa trousse.
  Mais les hommes plus aigrement
Que les Dieux, sentent ce tourment.
Car les Dieux, s'ils sont d'auanture
Comme nous blessez dans le cœur,
Ne souffrent pas grande langueur,
Deuant que d'en auoir la cure.
  Mais las! il aduient rarement,
Que ceux qui sont nostre tourment,
Et nostre guarison ensemble,
Soyent esmeus de quelque pitié,
Et que soubs pareille amitié,
Ce cruel Amour les assemble.
  Car tousiours le malicieux,
A fin de nous captiuer mieux,
Par vne beauté nous attire,
Qu'il nous monstre, & ne baille pas:
Ains ne s'en sert que d'vn appas,
Pour nous tromper, puis la retire.
  Comme on dit du vieillard chetif,
Qui dedans le coulant fuitif

D'vn fleuue, veut mouiller sa bouche,
Qui, prompt, s'est plustost retiré,
Que le miserable alteré
Du bout de ses levres y touche.
    Il n'est si mortelle poison,
    Qui ne treuue sa guarison.
    Tout, fors qu'amour, se rend curable,
    Quand Cupidon fait que celuy,
    Qui ha le remede auec luy,
    N'ha la volonté secourable.
    Mainte cruelle passion
    Commande à nostre affection:
    Mais passion si furieuse
    Iamais pour nous gesner, n'aprit
    Si fort tourment en nostre esprit,
    Que cete fureur amoureuse.
    Comme vn eau bouillonne de chaud
Sur le feu, qui plus fort l'assaut:
Nostre sang bouillonne en la sorte,
Quand il ha les brasiers autour
De cet estincelant Amour,
Et que sa rage est la plus forte.
    Quand Iupiter fut irrité
Contre le larron Promethé,
Pour auoir pris le feu celeste:
Entre les malheurs que sa main
Secoüa sur le genre humain,
Fut cette abominable peste.
    Cette peste nee au profond
De Styx en neuf tours vagabond,

Pour

Pour troubler, ardante furie,
L'heur des animaux pourﬁuiuis,
Si toﬆ qu'ell' les tient aﬀeruis,
Sous les piés de ſa ſeigneurie.

   Alcide qui de tous coſtez
A tant de monﬆres ſurmontez
Et purgé le monde où nous ſommes,
Euﬆ plus merité qu'il n'a faict,
S'il euﬆ de ce Tyran defaict,
Pour iamais deliuré les hommes.

   Le ſanglier Erymanthean,
Le grand lion Cleonean,
Buſire, Eurypyle, & Anthee,
Et l'Hydre au col ſept fois teﬆu,
Qui multiplioit abbatu,
Cogneurent ſa force indomtee.

   Et toutesfois Amour n'eut pas
Si toﬆ roidy ſon tendre bras,
Pour luy decocher vne fléche,
Que laſchement il ſe laiſſa
Frapper du tret, qui luy perça
Le cœur d'vne profonde breche.

   Il deuint, de preux qu'il eﬆoit,
Vn vil exclaue, qui tortoit
De la filace enquenouillee,
Et de la meſme main filoit,
Qui fiere auparauant ſouloit
Eﬆre au ſang des monﬆres ſouillee.

   Venus, & Toy ſon cher enfant,
Qui allez des cœurs trionfant,

N'auous vengé le faict coupable
De Phebus, qui vous decela,
Sur Pasiphe, qui affola
D'vne amour si abominable?
    Pourquoy encore épandez-vous
Vostre insatiable courroux,
Sur cette miserable dame?
Luy faisant par trop de rigueur,
Rostir bourellement le cœur
En vne incestueuse flame.

ACTE III.

PHEDRE.

Qvand romprez-vous le fil de mes heures fatales?
Quand m'aurez-vous filee, ô Vierges infernales?
Que tarde tant la mort, que d'vn coup bienheureux
Elle ne iette hors mon esprit langoureux?
Que fay-ie plus au monde? & dequoy la lumiere
De nostre beau Soleil sert plus à ma paupiere?
Ah, que ie sen de mal! que ie sen de douleurs!
Que ie souffre d'angoisse! & que ie espan de pleurs!
O beau visage aimé, ma douloureuse peine!
O comble de mon heur, douce face sereine!
O beau front applany, des Amours le séjour!
O sourcis ébenez, deux voutures d'amour!
O beau corps composé d'vne taille celeste,
Semblable au corps d'vn Dieu, de maintien & de geste,
Ie meur de vous trop voir! ie meur, helas ie meurs
De vous voir, O beautez, semences de mes pleurs!

O venimeux Amour, que ta mere celeste,
T'enfantant accoucha d'vne cruelle peste!
Qu'il eust bien mieux valu, qu'elle eust grosse, produit
Vn millier de serpens, qu'vn si malheureux fruit!
Helas! tousiours ton feu, tousiours ton feu me brusle,
Soit que ie m'en approche, ou que ie m'en recule.
Hé Dieux! qu'y faut-il faire? Hippolyte m'époint,
Et quand il est present, & quand il n'y est point.

Ainsi voit-on souuent vne biche sauuage,
Qu'vn berger Cressien blesse dans vn bocage,
D'vn garrot decoché, qui luy coust les poumons,
Trauerser à la course & les bois & les mons,
Voulant fuir son mal : mais tousiours la pauurette
Porte dedans le flanc, la mortelle sagette.

Hippolyte mon cœur, n'aurez-vous point pitié
De me voir trespasser serue en vostre amitié?
Me lairrez-vous plonger aux ondes de Cocyte?
Me lairrez-vous mourir pour vous, mon Hippolyte?
Ah Phedre! ah pauure Phedre! où as tu mis ton cœur?
Tu ne dois esperer le tirer de langueur.
Tu brusles follement en vne beauté digne
Non pas de ton amour, mais d'vne amour diuine.
Tu brusles follement, tu brusles, ses beaux yeux
Sont des Nymfes aymez, qui le meritent mieux.

Ie ne sçauroy penser, pucelle Cynthienne,
Que ton Endymion desormais te retienne :
Hippolyte plus cher tes doux baisers reçoit
Au lieu de ce dormeur, qui ton col ambrassoit.
Ie ne croy pas aussi, Tithonienne Aurore,
Que tu baises le sein de ton Cephale encore :

Au moins ſi quelque fois en repandant le iour,
Baiſſant les yeux en bas, tu as veu mon amour.

O vous creuſes foreſts, qui recelez ma vie,
Que bien ialouſement ie vous porte d'enuie!
O vous coûtaux pierreux, qui l'allez eſprouuant,
A la ſuitte d'vn Cerf, ou d'vn Sanglier bauant,
Que ie vous ſuis depitte! O vous auſſi fonteines,
Qui allez ondelant par les herbeuſes plaines,
Et par tortis cauez, roulez touſiours à val,
Que ie vous veux, helas! que ie vous veu de mal!
C'eſt vous qu'il va baiſant, quand laſſé de la chaſſe,
Degouttant de ſueur, & d'vne honneſte craſſe,
Couché ſur voſtre bord, tout plat, il va lauant
Ses levres, & ſa ſouef en voſtre eau l'abreuant.

Où courez-vous, Mõ cœur? les Dieux ont-ils fait nêtre
Tant de beautez en vous, pour vous faire champêtre,
Citoyen des foreſts? les foreſts, Mon ſoucy,
Sont indignes de vous, & les rochers auſſi.
Laiſſez-les donq, Mon cœur. hé voulez-vous dependre
En vn labeur ſi dur, voſtre ieuneſſe tendre?
Où courez-vous, Mon cœur? Mon cœur, où courez-vous?
Laiſſez les bois deſers, les villes ſont pour nous:
Cupidon y habite auec ſa douce mere,
La Deeſſe Venus, delices de Cythere.
O mon bel Hippolyte! & ne voyez-vous pas,
Que pour vous trop aimer, i'approche du treſpas?
Et ne voyez-vous pas, que ie meur pauure Roine,
Et que pour me ſauuer vous eſtes ſeul idoine?
Secourez-moy, Ma vie, & ne changez à tort,
Par faute de pitié, mon Amour à la mort.

Helas, vous voyez bien par mon visage blême,
Par ma palle maigreur qu'ardemment ie vous ayme!
Voyez-vous pas mes yeux ne cesser larmoyans,
De verser en mon sein deux ruisseaux ondoyans?
Voiez-vous pas sortir, comme d'vne fournaise,
Les soupirs de ma bouche, aussi chauds comme braise?
Voyez-vous point mon sein panteler de sanglots,
Et tesmoigner le mal, qui me bourrelle enclos?
Soyez moy donc bening, & tirez, secourable,
De mon cœur offencé la douleur incurable.
Vous pouuez seulement d'vn amoureux baiser,
(Las, que ce vous est peu!) mes langueurs appaiser.

N O V R R I C E.

Bien heureux est celuy, qui ne sent dans ses veines,
Comme souffre bouillir les amoureuses peines.
Bien heureux, qui ne sçait que c'est de Cupidon,
Qui ne connoist ses trets, son arc, ny son brandon.
Ha, qu'il est outrageux ce petit Dieu qui vole!
Ha, que cruellement nos esprits il affole!
Ie n'eusse pas cuidé, que ceste passion
Peust commander, si forte, à nostre affection.
Voyez comme elle boust en ceste pauure Dame,
Comme ell' luy a tiré la raison hors de l'ame.
Elle va, forcenee, ores pour s'outrager,
Ores pleine d'espoir se semble encourager.
Le feu luy sort des yeux, & bien qu'elle s'efforce
De cacher sa fureur, elle échappe de force.
La clarté luy desplaist, & ne demande plus,
Morne, qu'à se cacher dans quelque lieu reclus.

G. iij.

Rien ne luy ſçauroit plaire: elle s'aſſied dolente,
Puis elle ſe releue, ou ſe couche inconſtante:
Se pourmene ores viſte, & ores lentemẽt:
Tantoſt elle palliſt, & tout ſoudainement
La couleur luy rehauſſe: elle tremble fiebureuſe,
Et puis bruſle à l'inſtant d'vne ardeur chaleureuſe.
Elle eſpere, elle craint, ſon eſprit agité,
Comme la mer du vent, n'a plus rien d'arreſté.
Elle ne mange point, la viande apperceuë,
Deuant que d'y goûter, luy offence la veuë.
Il ne luy chaut de viure, & n'a pour tout confort,
Iour & nuiċt lamentant, que l'eſpoir de la mort:
La mort luy eſt ſa vie, & l'appelle à toute heure,
Pour la precipiter en la palle demeure.
Le iour quand Phebus marche, elle voudroit la nuit:
Et la nuiċt le Soleil luy tarde qu'il ne luit.
Le ſommeil, qui nourriſt tout ce qui vit au monde,
Ne peut clorre ſes yeux, arroſeℤ de ſon onde:
Car ſoit ou que le iour face ſon large cours,
Soit que la nuiċt chemine, elle veille touſiours.
     Miſerable Princeſſe, auiourduy ne ſoupire
Rien en ſi grand malheur, que le tien ne ſoit pire!
Quand la nuit tend ſon voile, & qu'elle embruniſt l'air,
Tout ſent l'oublieux ſomme en ſes membres couler:
Le ſilence eſt par tout, tout eſt coy par le monde,
Fors qu'en ton ame ſeule, où l'amour touſiours gronde.
Elle eſt ſi foible auſſi, que ia le plus ſouuant
La force à ſes genous defaut en ſe leuant.
Elle chancelle toute, & ſes bras imbecilles
Battant à ſes coſteℤ, luy pendent inutiles.

Cette belle couleur de roses, & de lis,
N'honore plus sa ioüe & son front apallis.
Ses beaux yeux soleillez, qui la faisoyent paroistre
Vray tige lumineux de Phebus son ancestre,
N'ont plus rien de diuin, comme ils souloyent auoir:
Ains, tous chargez d'humeurs, ne cessent de plouuoir
Le long de son visage, & d'vne eau, qui chemine
Goute à goute roulant, luy lauent la poictrine.
Ainsi qu'aucunesfois on voit sur le coupeau
Du Taure inaccessible, vne pluuieuse eau
Tomber humidement du centre de la nüe,
Et la nege escouler de sa teste chenüe.
O que c'est grand pitié! Mais ne la voy-ie pas,
Croisant les mains au ciel, dresser icy ses pas?

PHEDRE. NOVRRICE.

HIPPOLYTE.

Ph. Las! qui a veu iamais peine si douleureuse?
Las! qui a veu iamais douleur si outrageuse?
O amour! O amour! Nour. Que vous seruent ces cris?
Ph. Ie sen ce feu dans moy plus chaudement épris.
Nour. Les plaintes n'y font rien, plustost d'vne priere
Humble sollicitez la vierge forestiere.
Ph. O Roine des forests, qui habites les mons,
Diane à triple forme, inuoquee en trois noms,
Qui commandes aux bois & aux montagnes sombres,
Qui là bas aux enfers, regnes entre les ombres,
Et qui grande lumiere en nostre ciel reluis,
Effaçant la noirceur des sommeilleuses nuits,

Hecate Triuianne, O saincte chasseresse,
Ecoute ma priere, & m'exauce, Deesse:
Ouure le cœur glacé d'Hippolyte, & luy mêts
Les tisons de l'amour dans ses os enflamez:
Que desormais il ayme, & comme moy resente
De l'amoureux brandon, l'ardeur impaciente:
Qu'il se monstre facile, & chasse de son cœur,
Par toy, Vierge, attendry, toute austere rigueur.
Fay cela, ma Deesse : ainsi tousiours luisante,
Puisses-tu decorer la voûte brunissante:
Ainsi quand tu seras au ciel pour l'esclairer,
Nul chant magicien ne t'en puisse tirer:
Ainsi iamais l'obscur d'vne ennuyeuse nuë
Ne voile la beauté de ta face cornuë.
Nour. Madame c'est assez, elle oit vostre oraison:
Taisez-vous, ie le voy sortir de la maison.
Retirez-vous à part, l'heure m'est opportune.
Taisez-vous, ie le voy, & si n'a suitte aucune.
Hip. Où dressez-vous vos pas, Nourrice, & quel soucy
Trouble vostre visage, & l'apallist ainsi?
Madame est-elle saine? & sa plus chere cure,
Ses deux petits enfans, Royale nourriture?
No. La maison, le Royaume, & Phedre, & ses enfans,
La grace des bons Dieux, florissent trionfans.
Mais vous qui deburiez ore, honnestement follâtre,
De cent diuers plaisirs vostre ieunesse esbatre,
Vous la chetiuez toute, & vide de douceurs,
La laissez escouler en des dogues chasseurs,
Dans l'obscur des forests, sombre, morne, sauuage,
Ne monstrant presque rien d'humain, que le visage.

Laissez

Laiſſez ce vain labeur, qui vous conſomme ainſi.
Ceux que le ſort contraint, doibuent viure en ſoucy:
Mais ceux que la fortune embraſſe, fauorable,
S'ils ſe vont affligeant d'vn viure miſerable,
Et volontairement s'abandonnent au mal,
Doibuent perdre le bien, dont ils vſent ſi mal.
Donnez-vous à l'amour, paſſez voſtre ieuneſſe,
Ce pendant qu'elle dure, en ioyeuſe lieſſe.
Egayez voſtre eſprit, vous n'aurez pas le tems,
Quand vous ſerez plus vieil, commode au paſſetems,
« Toute choſe ha ſon propre & naturel office.
« Ce qui ſied bien à l'vne, à l'autre eſt ſouuent vice.
« L'allegreſſe conuient au front du iouuenceau,
« Et non pas du vieillard, qui ſe ride la peau:
« Au contraire le ſoing, & la rigueur honneſte,
« Honorent l'homme vieil, qui blanchiſt par la teſte.
Ne laiſſez donq perir le plus beau de vos iours
Ainſi auſterement, ſans goûter aux amours,
Au plaiſir de la dance, & de la liqueur douce,
Dont Bacchus nous detriſte, & nos ſoucis repouſſe.
La mort ſans ſe monſtrer, vient à nous à grand pas,
Nous trancher, iournaliers, la vie & les eſbats.
Puis quand nous trouuerons, palles, ſur le riuage
Du bourbeux Acheron, de Pluton le partage,
Où l'ennuy, les regrets, les ſoupirs, & les pleurs,
Auec les paſſions, naiſſent au lieu de fleurs:
Lors nous repentirons de n'auoir en ce monde
Autant pris de douceur, comme il y en abonde,
Tandis que le deſtin nous donnoit le loyſir,
Et l'opportunité de viure en tout plaiſir.

H.j.

Hipp. Les mons & les forests me plaisent solitaires,
Plus que de vos citeZ les troubles sanguinaires.
Telle façon de viure auoyent du premier tems
Nos peres vertueux, qui viuoient si contens.
" Et certes celuy là, qui s'écartant des villes,
" Se plaist dans les rochers des montagnes steriles,
" Et dans les bois fueillus, ne se voit point saisir,
" Comme le peuple fais, d'vn auare desir.
" L'inconstante faueur des peuples, & des Princes,
" L'appetit de paroistre, honorable, aux prouinces,
" Ne luy gesne le cœur, ny l'enuieuse dent,
" Des hommes le poison, ne le va point mordant.
Il vit libre, à son aise, exemt de seruitude,
N'estant de rien contraint, que de son propre estude,
Que de son franc vouloir, ne tremblant de soucy,
Pour la crainte d'vn Roy, qui fronce le sourcy.
Il ne sçait, innocent, que c'est d'vn tas de vices,
Bourgeonnant aux citeZ, qui en sont les nourrices.
Il ne se couure point le chef ambicieux,
D'vn bastiment doré, qui menasse les cieux.
Il n'a mille valets, qui d'vne pompe fiere,
L'accompagnent espois & deuant & derriere.
Sa table n'a le dos chargé de mille plats,
Exquisement fournis de morceaux delicats.
Il ne blanchist les champs de cent troupeaux à laine,
De cent couples de bœufs il n'escorche la plaine:
Mais, paisible, il iouist d'vn air tousiours serain,
D'vn paisage inegal, qu'il decouure loingtain.
Il s'amuse à courir ou la Biche peureuse,
Ou l'Ours, ou le Sanglier à la dent escumeuse.

Tantoſt las il ſe couche ou ſur le bord d'vne eau,
Ou dans vn creux rocher, d'où pend maint arbriſſeau.
Le doux ſommeil le prend entre millé fleurettes,
Au bruit d'vne fonteine & de ſes ondelettes,
Qui gargouillent autour, ou d'vn coudre mouëlleux,
Ou d'vn ſaule, qui fend ſon chemin graueleux.
Quel plaiſir ce luy eſt, quand la ſoif le tourmente,
Boire au creux de ſa main de la belle eau courante,
Et contenter ſa faim des bons fruits ſauoureux,
Qu'il abbat en hochant, d'vn arbre plantureux?
Or viue qui voudra d'vne plus molle vie,
Quant à moy, qui ſuis bien, ie n'en ay point d'enuie:
Ie ne veu point changer mon viure accoutumé,
Pour vn plus delicat, que ie n'ay oncque aimé.
Nour. Voulez-vous donc laiſſer, viuant ainſi ſauuage,
De goûter aux ſaueurs de l'amoureux breuuage?
Iupiter le grand Dieu, preuoyant ſagement,
Que le monde faudroit, deſtruit entierement,
Si, comme d'heure en heure il nous perd miſerables
Par diuers accidens, & treſpas variables,
Il n'eſtoit repeuplé d'autant de nouueaux corps,
Que le deſtin en iette inceſſamment dehors,
Nous a donné l'amour, pour laiſſer vne race,
Qui nous ſuruiue morts, & tiene noſtre place.
Si Venus vne fois quitte cet vniuers,
Vous le verrez bien toſt geſir mort à l'enuers.
La mer, vide, perdra ſes eſcailleuſes trouppes:
Sans peuples ſe verront les montagneuſes croupes:
Dans le ciel defaudront les oyſeaux duueteux:
Et l'air n'aura ſinon des tourbillons venteux.

H.ij.

Combien d'hommes voit-on engloutir en ce monde,
Par le fer, par la faim, par la rage de l'onde?
Or sus, laissez-vous prendre au cordage amoureux,
Frequentez-moy la ville, & vivez plus heureux:
Il vous faut vne amye, & cueillir auec elle
Les doux fruits, où l'amour tendrement vous appelle.
Hipp. Ie ne sçaurois aymer vostre sexe odieux,
Ie ne puis m'y contraindre, il est trop vicieux.
Il n'est mechanceté, que n'inuente vne femme,
Il n'est fraude & malice, où ne plonge son ame.
Nous voyons tous les iours tant de braues citez
Flamber, rouges de sang, pour leurs lubricitez:
Tant fumer de Palais, tant de tours orgueilleuses
Renuerser iusqu'au pied, pour ces incestueuses:
Tant d'Empires destruits, qui (possible) seroient
Encores en leur fleur, qui encor fleuriroyent.
Ie ne veu que Medee & ses actes infames,
Pour monstrer qu'elles sont toutes les autres femmes.
Nour. Pourquoy pour le peché de quelqu'vne de nous,
Qui a peu s'oublier, toutes nous blasmez-vous?
Hip. Ie ne sçay pourquoy c'est, toutes ie les deteste,
Ie les ay en horreur plus que ie n'ay la peste:
Soit raison, soit fureur, soit tout ce qu'on voudra,
Iamais de les aimer vouloir ne me prendra.
Plustost le feu naistra dans la mer écumeuse,
Plustost sera le iour, vne nuict tenebreuse,
Plustost nostre Soleil commencera son cours
A la mer Espagnolle, où se cachent nos iours,
Et plustost sera l'Aigle aux Pigeons sociable,
Que ie serue vne femme, exclaue miserable.

« No. Amour domte le cœur des hômes & des dieux,
« Et les contraint âymer ce qu'ils ont odieux.
Hip. Ie n'ay pas peur qu'Amour corrôpe mon courage,
Fuyant la volupté, le poison de nostre âge.
Nour. Il n'y a point d'espoir, autant vaudroit prescher
Le sourd entendement d'vn cauerneux rocher.
Voyez qu'il est hautain, & qu'il fait peu de comte
De nous & de l'Amour, qui toutes choses domte.
Ie ne le voy non plus esmeu de mes propos,
Qu'vn grand roc riuager n'est esbranlé des flots.
Amour te puisse nuire, arrogant, & te face
Brusler d'vne, qui soit, comme tu es, de glace.
Mais ne voy-ie pas Phedre? helas, que son beau teint
De cinabre & de lis, est pallement deteint!
Helas, qu'elle est defaitte! ha, ha, ce n'est plus elle!
Ce n'est plus elle, non, comment elle chancelle!
Helas, elle est tombee! hé bons Dieux qu'est-cecy?
Ma maistresse m'amie. elle a le cœur transi,
Le visage luy glace, ô passion mauditte!
Madame, éueillez-vous, voy-cy vostre Hippolyte.
Voulez-vous pas le voir? vous n'aurez plus d'ennuy.
Sus sus, ouurez les yeux, & deuisez à luy.

PHEDRE. NOVRRICE.

HIPPOLYTE.

Ph. Qui m'a rēdu mes pleurs & mes cruelles plaintes?
Qui m'a renouuelé mes passions estcintes?
Qui m'a remis en vie? ha! que n'ay-ie ioüy
Plus long tems du repos, qu'on goûte esuanoüy?

Nour. Pourquoy refuyez-vous cete clarté rendüe?
Pourquoy pallissez-vous, au besoing esperdüe?
Pourquoy hesitez-vous? est-ce ores qu'il faut
Coüardement troubler, dés le premier assaut?
" Qui froidement demande à quelqu'vn, il l'aduise
" De luy faire reffus de la chose requise.
" Ph. Mais quicōques requiert quelcun de deshōneur,
" A grand' peine qu'il soit bien hardy requereur.
Nour. Ce n'est ores qu'il faut succomber à la honte:
Elle vous prend trop tard, il n'en faut tenir comte.
Lors que premierement amour vous vint saisir,
Il estoit bon d'esteindre vn si mauuais desir,
Et d'vne chaste honte armer vostre poitrine:
Mais ore il est trop tard, amour a pris racine.
Desormais, qu'il ne peut estre en vous abbatu,
Vous conuient efforcer, qu'il puisse estre esbatu.
Possible (& que sçait on) cet amoureux outrage
Se pourra conuertir en vn bon mariage.
" Maintefois d'vn grād mal, il s'est fait vn grand bien.
" Le tems corrige tout, quand on le conduist bien.
Ph. Nourrice, le voi-cy. No. Monstrez vostre asseurāce.
Ph. Efforce toy mon cœur, ayes bonne esperance,
Commence à l'aborder.   Aurez-vous le loisir,
De m'entendre parler de ce que i'ay desir?
Hip. Dites cè qu'il vous plaist, ie suis prest de l'entendre.
Ph. Si ce n'est en secret, ie ne veu l'entreprendre.
Hip. Personne n'est icy, qui vous puisse escouter
Ph. La peur fait mes propos sur ma langue arrester.
Le desir est bien fort, mais la honte est plus forte.
Dieux, vous sçauez pourquoy ie suis en cette sorte!

Hip. Auez-vous de la peine à dire quelque cas?
Ph. Helas! i'en ay beaucoup plus que ne croiriez pas.
" Les plus petits ennuis, qui dans nos cœurs se treuuent,
" Se descouurent assez, mais les plus grans ne peuuent.
Hip. Ma mere, siez-vous à moy de vos ennuis.
Ph. Laissez ce nom de mere, Hippolyte, ie suis
Vostre sœur, & encore, humble, ie me contante
De n'auoir desormais que le nom de seruante,
De seruante vrayment ie vous feray l'honneur,
Que doibt vne seruante à son propre seigneur.
Ie vous suiuray par tout, fust-ce au trauers des ondes,
Fust-ce au haut des rochers dans les neiges profondes,
Fust-ce au trauers du feu gloutonnement ardant,
Et fust-ce pour m'aller, perissable, dardant,
Le visage baißé, dans le fer de cent piques,
Fust-ce, & fust-ce au profond des caues Plutoniques.
Prenez le sceptre en main, mettez-vous sur le front
Le Royal diadême, ainsi que les Rois font.
Tenez, ie vous le donne : il est bien plus honneste,
Que vous plustost que moy, le portiez sur la teste.
Vous estes en la fleur de vostre âge: & combien
Que Thesé soit chery du peuple Athenien,
Vous l'estes dauantage, & vostre belle grace
Son nom moins desiré, de sa memoire efface.
Or regnez, noble Prince, & prenez le soucy
De moy dolente veufue, & de ce peuple icy.
Hip. Le grand Dieu Iupiter, & le pere Neptune,
Nous vueille preseruer de si grande infortune:
Vous reuerrez mon perc à peu de iours d'icy.
Ph. Pluton, Dieu, qui commande au Royaume noircy,

Ne le permettra pas, s'il n'est si debonnaire
De laisser échaper de son lict l'adultaire.
Hip. Les bons Dieux de là hault, qui ont cure de luy,
Le feront retourner, n'en ayez point d'ennuy.
Mais tandis qu'il sera dans ces lieux solitaires,
Ie prendray le soucy de vos enfans, mes freres,
Et vous honoreray, comme celle qui est
De mon pere l'espouse, & qui seule luy plaist.
Ie vous tiendray sa place, & par notable preuue,
Tácheray de monstrer que vous n'estes pas veufue,
Ie vous seray mary. Ph. O desiré propos!
Dont la faulse douceur m'empoisonne les os.
O propos deceuable! ô parolle trompeuse!
O esperance vaine! ô chetiue amoureuse!
Il me sera mary? pouuoit-il mieux parler,
Et plus ouuertement pour me faire affoler?
Il faut me decouurir: mais le cœur me pantele,
Vn frisson me saisist d'vne crainête nouuelle.
Pleust à Dieu, Mon amy, que vous sceussiez ouurir
Les secrets de mon cœur, sans vous les decouurir:
Ie m'efforce à les dire, & ie ne puis de honte.
Hip. Laissez la honte là. Ph. Mais elle me surmonte.
Hip. Quel mal est-ce si grand que n'osiez deceller?
Ph. C'est vn mal, que iamais on ne vit deualler
Au cœur d'vne marâtre. Hip. Encor ne puis-ie entĕdre
Vos propos ambigus: faites les moy apprendre
En termes plus ouuerts. Ph. L'amour consomme enclos,
L'humeur de ma poitrine, & m'ard dedans les os.
Il rage en ma moüelle, & le cruel m'enflamme
Le cœur & les poumons d'vne cuisante flamme.

Le brasier estincelle, & flamboye asprement,
Comme il fait, quand il rampe en vn vieil bastiment
Couuert de chaume sec, s'estant de choses seches
Esleué si puissant de petites flameches.
Hip *C'est l'Amour de Thesé, qui vous tourmente ainsi.*
Ph. *Helas! voire, Hippolyte, helas! c'est mon soucy.*
I'ay miserable, i'ay la poitrine embrasee
De l'amour, que ie porte aux beautez de Thesee,
Telles qu'il les auoit lors que bien ieune encor,
Son menton cotonnoit d'vne frisure d'or,
Quand il vit, estranger, la maison Dedalique
De l'homme Mi-taureau, nostre monstre Cretique.
Helas, que sembloit-il? ses cheueux crespelez,
Comme soye retorce en petits aneletz,
Luy blondissoyent la teste, & sa face estoillee
Estoit entre le blanc, de vermeillon meslee.
Sa taille belle & droitte auec ce teint diuin,
Ressembloit, égalee, à celle d'Apollin:
A celle de Diane, & sur tout à la vostre,
Qui en rare beauté surpassez l'vn & l'autre.
Si nous vous eussions veu, quand vostre geniteur
Vint en l'isle de Crete, Ariadne ma sœur
Vous eust plustost que luy, de son fil salutaire,
Retiré des prisons du Roy Minos, mon pere.
  Or quelque part du ciel, que ton astre luisant,
Soit, ô ma chere sœur, à cete heure luysant,
Regarde par pitié, moy ta pauure germaine,
Endurer, comme toy, cete amoureuse peine.
Tu as aymé le pere, & pour luy tu defis
Le grand monstre de Gnide, & moy i'ayme le fils.

I.j.

O tourment de mon cœur, Amour, qui me consommes!
O mon bel Hippolyte! honneur des ieunes hommes,
Ie vien, la larme à l'œil, me ietter deuant vous,
Et, d'amour enyuree, ambrasser vos genous,
Princesse miserable, auec constante ènuie
De borner à vos pieds, mon amour, ou ma vie,
Ayez pitié de moy. Hip. O grand Dieu Iupiter!
Peus-tu voir vne horreur si grande, & l'escouter?
Où est ton foudre ardant, qu'ireux tu ne le dardes,
Tout rougissant d'esclairs, sur les temples paillardes
De cete malheureuse! es-tu si paresseux,
O Pere, es-tu si lent, à nous lancer tes feux?
Que le ciel, esclattant au bruit de ton tonnerre,
Iusques aux fondemens, ne renuerse la Terre?
Et n'abysme le iour, tout sanglant, au plus creux,
Et au gouffre plus noir, des enfers tenebreux?
Et toy, Soleil, qui luis par tout ce grand espace,
Peus-tu voir sans pallir les crimes de ta race?
Cache toy, vergongneux, quitte à la nuit ton cours,
Detourne tes cheuaux galloppant à rebours.
Plonge-toy, lance-toy, le chef bas, sous les ondes,
Et ta torche noircis en tenebres profondes.
    Que tardes-tu aussi, pere Saturnien,
Que tu ne vas ruant ton foudre olympien
Sur ma coupable teste, & que tu ne la broyes,
Plus menu que sablon, que tu ne la foudroyes
N'ay-ie assez merité, n'ay-ie forfaict assez,
Pour sentir la fureur de tes dards eslancez,
De plaire à ma marâtre, & de luy sembler propre,
Entre tous les mortels, seul, à si lasche opprobre?

O femme detestable! ô femme, dont le cœur
Est en mechancetez de son sexe veincueur!
O pire mille fois, & d'ardeur plus énorme,
Que ta mere qui eut vn monstre si difforme!
Ce ventre t'a porté qui s'enfla grossissant,
Du germe couuoité d'vn Taureau mugissant.
Ph. Helas, c'est le destin de nostre pauure race!
Venus nous est cruelle, & sans cesse nous brasse
Vne amour dereglee: Et que peut nostre effort
Encontre vne Deesse, & encontre le sort?
Derechef, ô cruel, à vos pieds ie me iette:
Prenez compassion de moy vostre subjecte.
Hip. Retirez-vous de moy, ne me venez toucher,
Ne me touchez le corps, de peur de me tacher.
Comment? elle m'ambrasse? Il faut que mon espee,
Vengeant si grand forfaict, soit de son sang trempee.
Iamais, chaste Diane, à ton nom immortel
Vn sang mieux consacré n'eschauffa ton autel.
Ph. C'est ce que ie demande, à ceste heure, Hippolyte,
Piteux, mettrez-vous fin à ma douleur depite.
Hippolyte, il ne peut m'arriuer plus grand heur,
Que, mourant par vos mains, conseruer mon honneur.
Hip. Allez, viuez, infame, & que iamais cet arme,
Pollue en vous touchant, le chaste corps ne m'arme.
    En quel Tygre, en quel Gage, en quel gouffre aboyât,
En quelle ondeuse mer m'iray-ie netoyant?
Non le grand Ocean, aueques toute l'onde,
Dont il laue en tournant, ceste grand'masse ronde,
Ne me sçauroit lauer. ô rochers esgarez!
O coûtaux! ô vallons! ô bestes! ô forests!

I.ij.

N. Noſtre faute eſt cogneüe: & bien, & bien, Mõ ame,
Il faut le preuenir, & luy donner le blâme,
Accuſon-le luy-meſme, & par nouueau meffaict,
Couuron habilement celuy qu'auons ia faict.
« C'eſt vn acte prudent, d'aduancer vne iniure,
« Quand nous ſõmes certains que lon nous la procure
Et qui ne iugera, que ce n'ait eſté luy,
Qui ait commis le crime, & puis s'en ſoit enfuy?
Perſonne n'eſt pour luy, qui temoigner s'efforce.
    Accourez, mes amis, au ſecours, à la force,
On force voſtre Royne, accourez, le mechant
Luy preſſe le goſier auec le fer tranchant.
Il s'enfuit, il s'enfuit, pourſuiuez-le à la trace:
Il a ietté d'effroy, ſon eſpee en la place:
Il n'a pas eu loiſir de l'engaigner, au moins
Nous auons vn bon gage, à faute de teſmoins.
Helas! conſolez-la: voyez comme elle pleure,
Ne touchez à ſon chef, il vaut mieux qu'il demeure
Tout meſlé comme il eſt, pour enſeigne du tort
De ce monſtre impudique, & de ſon laſche effort.
Appaiſez-vous, Madame, & prenez patience.
Las! que pouuiez-vous faire à telle violence?
Laiſſez cete triſteſſe. helas! que gaignez-vous
De vous plomber ainſi la poitrine de coups?
D'outrager voſtre face, & par impatience
Offencer vos cheueux, qui n'ont poins faict d'offence?
« Celle n'eſt point bleſſee en ſa pudicité,
« Qui eſt priſe d'aucun contre ſa volonté.
« On peut forcer le corps, mais l'ame qui eſt pure,
« Maugré le rauiſſeur, eſt exempte d'iniure.

Allon faire au temple priere
A Pallas, la vierge guerriere,
Des genous la terre preſſant,
Les deux mains vers le ciel dreſſant:
Et penchez deuers la Deeſſe,
La ſupplion, que noſtre chef
Elle vueille garder d'oppreſſe,
Et noſtre Cité de mechef.

Si les Dieux, les bons Dieux, n'ont cure
De nous, leur pauure creature,
Et ſi toy Minerue, ſur tous,
Ne prens quelque ſoucy de nous:
Ie preuoy ia mainte tempeſte
Et maint orage menaſſant,
Pour nous accrauanter la teſte,
S'aller deſſur nous eſlançant.

Qu'vne femme, que ialouzie,
Que hayne, ou qu'amour ont ſaiſie,
Eſt redoutable! & que ſon cœur
Couue de fielleuſe rancœur.
Le trét enſouffré du tonnerre,
Que Iupin darde, colereux,
Sur vne crimineuſe terre,
Ne tombe pas ſi dangereux.

La mer, quand elle eſcume, enflee,
Du Nort & d'Aquilon ſoufflee,
Le feu rongeant vne Cité,
La peſte infectant vn Eſté,

Et la guerre qui tout saccage,
Sont bien à craindre: & toutesfois,
D'vne femme l'horrible rage,
L'est encores plus mille fois.

Comme vne Menade troublee,
Hûlant d'vne voix redoublee,
Faict, iure, mille ardans efforts,
Des pieds, des mains, de tout le corps,
Le iour qu'à Bacchus le bon pere,
Portant au poing le Thyrse aymé,
Elles vont au haut de Cythere,
Faire l'Orgie accoutumé.

Celle-là forcene en la sorte,
Voire d'vne fureur plus forte,
Qui dedaignee en son amour,
Porte au cœur la haine à son tour.
Elle ne brasse que vengence,
La vengence la ioint tousiours:
Et quoy qu'elle discoure & pense,
Ce ne sont que sanglans discours.

Elle tourne & retourne en elle,
Mainte mensongere cautelle,
Ardant de venger son refus:
Son esprit regarde confus
Entre mille ruses fardees,
Et là, peschant abondamment,
Y prend, les ayant regardees,
La meilleure à son iugement.

Puis faulse, sous vn faux visage,
Vomist le fiel de son courage,

Plus mortel, que n'eſt le venim
De quelque ſerpent Getulin.
De voix, de ſoupirs et de larmes,
Couure, coupable, ſon forfaiſt,
Et auecques les meſmes armes
De ſon ennemy ſe defaiſt.

　　Iadis l'amante Sthenobee,
De pareil dedain enflambee,
A ſon mary Prœte accuſa
Bellerophon, qui refuſa,
Trop chaſte, ſa flamme infidelle:
Et du regret, qui la ferut,
De le voir viure, eſchappé d'elle,
La cruelle à la mort courut.

　　Du meſme danger fut ſuyuie
De Pelé l'innocente vie,
Par Achaſte Magneſien.
Maint et maint heros ancien,
Comme toy, bon Amazonide,
Voguant en cete meſme mer,
Ont conneu le cœur homicide
Des femmes, qu'on ne daigne aimer.

　　Mais s'il y a là haut encore
Quelque deïté qu'on adore,
S'il y a des Dieux ayans ſoing
D'aßiſter les bons au beſoing,
Ils permettront que la malice
Contre ta vertu rebouchant
Recherra deſſur ſon autrice,
Bourreau de ſon crime meſchant.

ACTE IIII.

THESEE.   NOVRRICE.

THESEE.

IE vien du creux seiour des eternelles nuits,
Et de la triste horreur des Enfers pleins d'ennuis:
A grand' peine mes yeux à paupieres ouuertes,
Peuuent voir du beau iour les clartez decouuertes.
Ia la belle Eleusis couppe en ce bouillant mois,
Les presens de Cerés pour la quatriesme fois,
De puis que sous la voûte horriblement profonde,
Ie pleure mort & vif, la perte de ce monde.
Encor seroy-ie errant dans le Royaume noir,
Sans Hercule, qui vint m'oster d'vn tel manoir,
Tirant le chien portier de sa cauerne creuse,
Qui m'empeschoit d'ouurir la porte Stygieuse:
Mais ie n'ay plus la force & la braue vigueur,
Qu'auparauant i'auois indomtable de cœur.
Mes genous affoiblis vont tremblant, & à peine
Peuuent plus supporter mon corps, leur dure peine.
   Quel labeur m'a esté, d'auoir depuis le fond
De l'enfer sceu monter iusques icy à mont?
D'auoir sceu euiter la mort en la mort mesme,
Et de te suiure, Alcide, à la force supresme?
No. Ha maison desolee! Th. Hé! quel bruit est-ce là?
No. O que n'ay-ie la mort! Th. Que veut dire cela?
Quel tonnerre est-ce cy? quels soupirs? quels encombres?
Suis-ie encore aux enfers entre les crus des ombres?

D'où

D'où viĕt vn ſi grãd trouble?eſt-ce vn dueil fait exprés,
Pour me mieux receuoir,me ſçachant icy prés?
Voyla, voyla vrayment vne tempeſte deüe
A vn hoſte infernal,pour ſa premiere veüe.
Nourrice,quel malheur noſtre maiſon aſſaut?
Nour. Phedre ſe veut defaire, & point il ne luy chaut
De nous,qui l'aſſiſtons, & qui à chaudes larmes
La prions de ietter de ſa dextre les armes.
Th. Qui peut à mon retour cauſer ce deconfort?
Nour. C'eſt pour voſtre retour,qu'elle haſte ſa mort.
Th. Elle veut donc mourir,pour me reuoir en vie.
Nour. Non,mais voſtre retour luy en accroiſt l'enuie.
Th. Prend-elle deſplaiſir que ie ſoy' reuenu?
Nour. Voſtre abſence luy eſt vn regret continu.
Th. Qui luy cauſe la mort,ſçachant bien ma preſence?
Nour. Ie ne ſçay,mais ie voy que c'eſt ce qui l'offence.
Th. Vne femme de bien ne feroit pas ainſi.
Nour. Elle eſt femme de bien,n'en ſoyeʒ en ſoucy.
Th. Vne femme de bien me feroit autre chere.
Nour. Elle ne le peut faire en ſi grande miſere.
Th. Quelle grande miſere eſt entree en ſon cœur?
Nour. Vn dépit,qui la ronge,vne triſte langueur.
Th. Vos propos ambigus couurent quelque grãd' choſe.
Dittes-moy clairement,Qu'a Phedre mon eſpoſe?
Nour. Elle ne le dit point:elle veut emporter
Au tombeau,la douleur,qui la fait lamenter.
Th. Entron ſoudainement,entron,il n'eſt pas heure
De faire,en perdant tems,icy longue demeure.

K.j.

Th. Qvoy?ma chere cõpagne,eſt-ce ainſi qu'il vo⁹ faut
Receuoir voſtre eſpoux? eſt-ce ainſi qu'il vous chaut
De ſa chere venuë? & que vous preneʒ ioye
De le voir eſchappé de la mortelle voye?
Quelle chaude fureur alleʒ-vous remaſchant?
Que fait en voſtre main ce coutelas tranchant?
Ph. Magnanime Theſé,ie vous prie à mains iointes,
Par cet acier luiſant pitoyable à mes plaintes,
Par le ſceptre Royal de voſtre empire craint,
Par vos enfans aymeʒ,le doux ſoing qui m'étraint,
Par voſtre heureux retour de la palle demeure,
Et par ma cendre auſſi,permetteʒ que ie meure.
Th. Quelle cauſe vous meut de deſirer la mort?
Ph. Si ie vous la diſois,ie perirois à tort,
Et le fruict periroit, que de la mort i'eſpere.
Th. Ne le dittes qu'à moy,ie le ſçauray bien taire.
" *Ph.* Ce qu'on veut que quelcun taiſe fidellement,
" Le faut ſoymeſme taire,il eſt ſceu autrement.
" *Th.* Mais vn loyal mary vers ſa femme qu'il ayme,
" N'eſt pas vn eſtranger,c'eſt vn autre elle meſme.
" *Ph.* Vne femme ne doit conter à ſon mary,
" Choſe dont il puiſſe eſtre en le ſçachant marry.
*Th.*Que me peut-on conter,qui plus de dueil me cauſe,
Que de vous voir mourir,ſans en ſçauoir la cauſe?
Ph. Si de me voir mourir vous preneʒ quelque eſmoy,
Il n'amoindrira pas,quand vous ſçaureʒ pourquoy.
Th. Que me peut proffiter cette triſteſſe teuë?
Ph. Que vous peut proffiter cette triſteſſe ſceuë?

Th. On remedie au mal, quand on le peut sçauoir.

Ph. A celuy que i'endure, il n'y a point d'espoir.

Th. Que vous sert dõc la mort, de tous les maux le pire?

Ph. La mort fait terminer tout angoisseux martyre.
Il n'est rien plus horrible aux hommes que la mort.

Ph. Elle est aux affligez vn desirable port,
Comme à moy, qui tant suis de ce monde assouuie,
Autrement il fait mal de laisser cette vie.

Th. Ie ne permettray pas, que vous donniez la mort.

Ph. Vous ne sçauriez qu'y faire auec tout vostre effort.
« La mort iamais ne manque à ceux qui la desirent:
« Ses homicides arcs contre nous tousiours tirent.

Th. Quel mal digne de mort auez-vous doncques fait?

Ph. De viure si long tems, c'est mon plus grand forfait?

Th. N'aurez-vous point pitié de ma douleur future?

Ph. Rompez vostre douleur dessous la sepulture.
« La mort tourmente moins, quand entrant sous sa loy
« Lon espere laisser quelque regret de soy.

Th. Elle ne veut rien dire, il faut que cette vieille,
Il faut que sa Nourrice, ou vueille ou ne le vueille,
Me le dise en son lieu: sus, qu'on la serre au corps,
Et qu'à force de coups on luy saque dehors,
Auec les fouetz sanglans, les secrets de sa Dame.
Qu'on ne la laisse point, qu'elle n'ait rendu l'ame.

Ph. Ie vous conteray tout, laissez-la, demeurez.

Th. Que pleurez-vous ainsi? qu'est-ce que vo⁹ pleurez,
Ma mignonne? & pourquoy ne me voulez-vous dire
La cause du tourment que vostre cœur soupire?

Ph. O Gouuerneur du ciel, qui de ton trosne saint
Vois au fond de nos cœurs, ce qu'il y a de feint:

Et Toy alme Soleil, qui la voûte azuree,
Enlustres au matin de ta lampe doree,
Et qui d'vn œil veillant perses par le trauers
Des nuaux époißis, tout ce vague vniuers,
Ie vous inuoque, ô Dieux! ô Dieux ie vous appelle
Tesmoings de mon outrage, & de ma mort cruelle!
Les prieres n'ont peu ma constance esmouuoir,
Le fer & la menaße ont esté sans pouuoir,
Le corps a toutesfois enduré violence:
Mais de mon chaste sang i'en laueray l'offence.
Th. Qui est le malheureux, qui a souillé mon lict?
Ph. Vn que ne croiriez pas commettre vn tel delict.
Th. Qui est-ce, dittes tost? Dieux immortels t'affole
Que ie ne l'ay desia! Sus, en vne parolle,
Qui est-il? où est-il? que fait-il le mechant?
Viste qu'on coure apres. Ph. Ce coutelas tranchant,
Qu'il laißa de frayeur au bruit du populaire,
Le voyant, vous fera connoître l'adultaire.
Th. O terre! qu'est-cecy? quel monstre Stygieux,
Quel Demon infernal se decouure à mes yeux?
Cette garde doree, & sa riche pommelle
Entamee au burin d'vne graueure belle,
Ont la marque ancienne, & les armes außi
De nos premiers ayeulx, qui regnerent icy.
Mais où s'est-il sauué! Ph. Vos gens l'ont veu naguiere
Courir, palle d'effroy, deßus cete poudriere.
Th. O sacré geniteur des hommes & des Dieux,
O Neptune adoré des flots audacieux,
D'où me vient cete peste en mon lignâge infame?
D'où me vient à ma race vne si mauditte ame?

O ciel! qui bruis souuent la menasse, & iamais
Ne punis les meschans de foudres abysmez:
O ciel, iniuste ciel, qui pardonnes les crimes,
Et aux mechancetez, indulgent, nous animes!
Que te sert le tonnerre, & ce deuorant feu,
Qui grondant si terrible, execute si peu?
Mais que te sert encor de perdre ta tempeste,
Comme tu fais battant l'inuulnerable teste
Des rochers incensez? s'il aduient quelque fois
Que tu lasches la foudre apres tes longs abois,
Le front & le sourcy des montagnes, tes buttes,
A tort sont outragez de tes tempestes cheutes:
Car ils n'irritent point par meffaicts, comme nous,
Comme nous malheureux, le celeste courroux.

　　Debuiez-vous, Immortels, souffrir vn malefice
Si horrible à vos yeux, sans en faire iustice?
Ne debuoit-il pas ardre, & tomber tout ardant
Au plus creux des enfers, la terre se fendant?
O Dieux lens à punir, vous n'aduisez qu'aux fautes
Qu'on fait entreprenant sur vos magestez hautes!

　　Tu vis monstreux enfant, tu vis donque impuny,
Apres m'auoir, ton pere, en ma couche honny?
Tu vis, tu vis barbare, & la lampe celeste
Aussi claire qu'à moy reluist à ton inceste?
Tu vis, tu vis barbare, & n'as point de soucy
Des Dieux qui sont là haut, ny des hommes aussi?
Les bestes des forests, que tu cours sanguinaire,
Viuent plus chastement en leur brutal repaire.
Car bien qu'en leur poitrine il n'entre que fureur,
Elles ont toutesfois vn tel crime en horreur,

Et sans loix & raison, qui guident leur courage,
Elles portent respect aux degrez du lignage.
Mais toy serpent infect sembles auoir tâché
D'assembler mal sur mal, peché dessur peché,
Forfaict dessur forfaict, ne pouuant ta luxure
Prendre contentement que d'vne horrible iniure.
Tu t'es faict en vn coup coupable triplement,
D'adultere, d'inceste, & de violement.

O Dieux! vo⁹ mõstrez bien que vous n'aueʒ pl⁹ cure
De nous, ny de ce monde errant à l'aduanture!
Si le soing vous touchoit des affaires humains,
S'il vous challoit de nous, ouurage de vos mains,
Ce braue incestueux, ce violeur de femme,
Remply d'impieté, cet adultere infame,
Ne viuroit à cete heure, & n'iroit glorieux
Si long tems sans trouuer la vengence des Cieux.

O Dieux, que nostre vie est de fallaces pleine!
Que de deguisemens en la poitrine humaine!
Que les hommes sont feints, & que leurs doubles cœurs
Se voilent traitrement de visages moqueurs!
Ce triste forestier, ce chasseur solitaire,
En geste, en contenance, & en propos seuere,
Retiré de plaisirs, fuyant oysiucté,
D'vn visage rassis portant sa magesté,
D'vn pudique regard, d'vn sourcy de vieil homme,
Est lubrique impudent, & l'amour le consomme.

Or coûr où tu voudras, trauersé, vagabond,
Les terres, & les mers de ce grand monde rond:
Coûr de là le Sarmate, où le venteux Boree
Blanchist le chef grison du froid Hyperboree:

Coûr iusqu'au Garamante,où les torches d'enhaut
Font iaunir le sablon étincelant de chaud:
Tu ne sçaurois fuir les vengeresses peines
De ton impieté,qui te suyuent soudaines:
Tu ne sçaurois fuir mes homicides trets,
Qui te viendront surprendre aux lieux les plus secrets.
Mes trets sont inconnus,ils sont ineuitables,
Ils decochent par tout,& blessent incurables:
Rien ne leur est couuert,éloigné,detourné,
Et d'aucune distance ils n'ont leur coup borné.
Coûr donque où tu voudras,tu ne sçaurois tant faire
Qu'éuites de ton mal le funebre salaire.
Ie te suiuray par tout d'vn cœur plus animeux,
Que n'est pour ses petits le sanglier écumeux
Apres le caut chasseur,qui d'vne main accorte
Les a prins en son fort,& brigand les emporte.

　　Ne sçais-tu pas,chetif,que Neptune le Roy
Des marinieres eaux soumises à sa loy,
M'a promis en iurant par les eaux Stygiennes,
M'octroyer par trois fois trois des demandes miennes?
　　O grand Dieu marinier,c'est ores que ie veux
Te presenter,dolent,le dernier de mes vœux.
Fay mon cher geniteur,fay que toute à cette heure
En quelque part que soit Hippolyte,il y meure:
Qu'il descende aux enfers,appaisant la rancœur
Qu'irrité contre luy,ie porte dans le cœur.
Ne me refuse point grand Dieu: car ma priere,
Bien qu'elle te semble estre (ainsi qu'elle est) meurtriere,
Est iuste toutesfois,& de ceru#au rassis,
Ie te requier en don le meurtre de mon fils.

Ie n'entreprendroy pas de te faire demande
De ce troisieme vœu, que pour chose bien grande:
Et si ie ne sentoy mon esprit angoissé
D'extremes passions extremement pressé.
Tu sçais qu'estant là bas aux pieds de Rhadamanthe,
Prisonnier de Pluton sous la voûte relante,
I'ay tousiours espargné ce vœu, que langoureux
Ie despens auiourduy contre ce malheureux.
Souuienne toy, grand Dieu, de ta saincte promesse:
Trouble toute la mer, vn seul vent ne relaisse
Au creux Eolien, mutine auec les flots
Tes grans troupeaux monstreux, que la mer tient enclos.

NOVRRICE.

O maison desolee! ô maison miserable!
O chetiue maison, maison abominable!
O Phedre infortunee! ô credule Thesé!
O trop chaste Hippolyte à grand tort accusé!
O moy sur tout cruelle, & digne d'vne peine
La plus grefue qui soit en l'infernale plaine!
C'est par toy, ma Maistresse, & pour couurir ton mal,
Que i'ay tramé sur luy ce crime capital.
Hé! le pauure ieune homme, il est par ma malice,
Comme le simple agneau qu'on meine au sacrifice.
Face des Immortels la puissante bonté,
Que pour ton faux meffaict faulsement raconté,
Ton pere forcenant d'vne rage ialouse
Ne se souille en ton sang, trompé de son espouse.
Que c'est de nostre vie, helas! bons Dieux, que c'est
Des choses de ce monde, où n'y a point d'arrest.

Il n'estoit cy deuant sur la masse terreuse,
Famille, qui fust tant que cete-cy heureuse,
Et auiourduy Fortune, habile en changement,
Culbutee à l'enuers, l'acable en vn moment.
    Allez Rois, & pensez que l'instable Fortune
Ne vous soit comme à nous vne crainte commune:
Allez, & estimez que la felicité
De vos sceptres tant craints, dure en eternité:
Vous tresbuchez souuent d'vne plus grand' ruine,
D'autant que vostre main plus puissante domine.
" Les grans Rois de ce monde aupres du peuple bas,
" Sont comme les rochers, qui vont leuant les bras
" Si hauts & si membrus sur la planiere terre:
" Mais qui souuent aussi sont battus du tonnerre.
Ha lugubre maison! auiourduy ta grandeur
Tombe sous le tison d'vne amoureuse ardeur.
Ha Royne desolee! auras-tu le courage
De voir faire à ton cœur, à ton cher cœur outrage?
De voir innocemment, & par ton faux rapport
Ce chaste iouuenceau soupirer à la mort?
    Et toy pauure Vieillotte, autrice malheureuse
D'vn esclandre si grand pour ta dame amoureuse,
Pourras-tu regarder le sainct throsne des Dieux?
Pourras-tu plus leuer la face vers les Cieux,
Et tes sanglantes mains coupables de l'outrage
De ce ieune seigneur au plus beau de son âge?
    Il me semble desia, que les flambeaux ardans
Des Filles de la nuict, me bruslent au dedans:
Il me semble desia sentir mille tenailles,
Mille serpens retotrs morceler mes entrailles.
                                    L.j.

HIPPOLYTE,

Ie porte, ains que ie tombe en l'aueugle noirceur
Du riuage infernal, mon tourment punißeur.
Sus sus, descen, meurtriere, en l'Orque aueques celles,
Qui sont pour leurs meßfaicts en gesnes eternelles.

CHOEVR.

C'est aux Dieux qui connoißent bien
Si nous faisons ou mal ou bien:
C'est aux Dieux, c'est aux Dieux celestes,
Quand on commet quelques mefaits,
De sçauoir ceux qui les ont faits,
Et de les rendre manifestes.

Leurs yeux persent par le trauers
De ce lourd-terrestre vniuers,
Et iusque au fond de nos poitrines
Decouurent du plus haut des Cieux,
Le dessain artificieux
De nos entreprises malines.

Pourquoy donques, Porte-trident,
Ne rens-tu ce crime euident?
Es-tu seul des Dieux, qui ne sçaches
Ce qu'au dedans les hommes font,
Ignorant que, trompeurs, ils ont
Au cœur maintes secrettes caches?

Courrouce toy contre celuy,
Qui est cause de tout l'ennuy:
Poursuy-le seul, & ne te laiße
Surmonter, ô iuste Neptun,
Au cry de ton fils importun,
Qui te somme de ta promeße.

«   La promesse obliger ne doit,
« Quand elle est faicte contre droict:
« Et celuy n'offence, pariure,
« Qui refuse le don promis,
« Bien qu'il s'y soit libre soubmis,
« Si c'est de commettre vne iniure.

«   C'est se deceuoir seulement
« Que promettre, & fust-ce en serment,
« Quand on engaige sa parolle
« D'autre chose qu'on ne cuidoit:
« Si c'est promesse, elle se doit
« Appeller promesse friuole.

   Qui seroit de si folle erreur,
Que lors qu'vne ardente fureur
Son ami forcené maistrise,
De luy bailler s'euertûroit
Vne dague, qui le tûroit,
Sous couleur de l'auoir promise?

   Ores Neptune que Thesé
Brusle de trop d'ire attisé,
D'escouter sa voix ne t'auance,
De peur qu'a son meurtrier dessain,
Trop prompt, ne luy verses au sein
Vne eternelle repentance.

«   L'ire déloge la raison
« De nostre cerueau sa maison:
« Puis y bruit l'ayant delogee,
« Comme vn feu dans vn chaume espars,
« Ou vn regiment de soudars
« En vne ville saccagee.

« Tout ce qui se voit de serpens
« Aux desers d'Afrique rampans,
« Des monstres le fameux repaire:
« Tout ce qu'aux Hyrcaniques mons
« Loge de Tigres vagabons,
« N'est tant à craindre qu'vn collere:
«   Qu'vn collere, qui maintefois
« A tant faict lamenter de Rois,
« Despouillez de sceptre & d'Empire:
« Qui de tant de braues Citez
« A les murs par terre iettez,
« Et tant faict de Palais détruire.

ACTE V.

MESSAGER.   THESEE.

Messager.

O la triste aduanture! ô le malheureux sort!
O desastre! ô méchef! ô deplorable mort!
Th. Il parle d'Hippolyte. ô Dieu ie te rend grace,
Ie voy bien que ma voix a eu de l'efficace.
Mess. Las! ne m'auoit assez malheuré le destin,
D'auoir veu de mes yeux si pitoyable fin,
Sans qu'il me faille encore, ô Fortune cruelle!
Sans qu'il me faille encore en porter la nouuelle?
Th. Ne crain point, Messager, ie veu sçauoir comment
Ce mal est aduenu, conte-le hardiment.
Mess. Le parler me default, & quand ie m'y essaye
Ma langue lors müette, en ma bouche begaye.

Th. *Pren courage, & me dy sans ainsi te troubler,*
Quel desastre nouueau vient mon mal redoubler.
Mess. *Hippolyte, ô regret! vient de perdre la vie.*
Th. *I'estoy bien asseuré qu'ell' luy seroit rauie,*
Comme il m'auoit rauy ma femme, ses amours:
Mais nonobstant fay moy de sa mort le discours.
Mess. *Si tost qu'il fut sorty de la ville fort blesme,*
Et qu'il eut attelez ses limoniers luy-mesme,
Il monte dans le char, & de la droitte main
Leue le fouet sonnant, & de l'autre le frein,
Les cheuaux sonne-pieds d'vne course égallee
Vont galloppant au bord de la plaine sallee:
La poussiere s'éleue, & le char balancé
Volle dessus l'essieu comme vn trait élancé.
Il se tourne trois fois vers la Cité fuiante,
Detestant colleré sa luxure méchante,
Sa fraude & trahison, iurant ciel, terre, & mer,
Estre innocent du mal dont on le vient blâmer:
Il vous nomme souuent, priant les Dieux celestes,
Que les torts qu'on luy fait deuiennent manifestes,
Et que la verité vous soit cogneuë, à fin
Que vous donniez le blasme au coupable à la fin.
Quand voicy que la mer soudainement enflee,
Sans se voir d'aucun vent comme autrefois souflee,
Mais calme & sõmeilleuse, & sans qu'vn seul flot d'eau
Se pourmenant mutin, luy fist rider la peau:
Se hausse iusque au ciel, se dresse montagneuse,
Tirant tousiours plus grosse à la riue areneuse.
Iamais le froid Boree armé contre le Nort,
Et le Nort contre luy, ne l'enflerent si fort,

L.iij.

Bien qu'ils la troublent toutte, & que de la grand' rage
Qu'ils la vont boursoufflant, tremble tout le riuage,
Que Leucate en gemisse, & que les rocs esmeus
Blanchissent tempestez d'orages escumeus.

    Cete grand' charge d'eau seulement n'espouuante
Les vaisseaux mariniers, mais la terre pesante:
Elle s'en vient roulant à grands bons vers le bord,
Qui fremist de frayeur d'vn si vagueux abord:
Nous restons éperdus, redoubtant la venuë
Et la mouëtte fureur de ceste ondeuse nuë,
Quand nous voyons paroître, ainsi qu'vn grand rocher,
Qui se va sourcilleux dans les astres cacher,
La teste auec le col d'vn monstre si horrible,
Que pour sa seule horreur il seroit incredible.

    Il marche à grand' secousse, & la vague qu'il fend
Bouillonnant dans le ciel, comme foudre descend:
L'eau se creuse au dessous en vne large fosse,
Et de flots recourbez tout à l'entour se bosse:
Elle boust, elle écume, & suit en mugissant
Ce Monstre qui se va sur le bord eslançant.
Th. Quelle figure auoit ce Monstre si enorme?
Mess. Il auoit d'vn Taureau la redoubtable forme.
De couleur azuré son col estoit couuert
Iusques au bas du front, d'vne hure à poil vert:
Son orcille estoit droitte, & ses deux cornes dures
Longues se bigarroyent de diuerses peintures:
Ses yeux étinceloyent, le feu de ses naseaux
Sortoit en respirant, comme de deux fourneaux:
Son estomac espois luy herissoit de mousse:
Il auoit aux costez vne grand' tache rousse:

De puis son large col qu'il esleuoit crineux,
Il montroit tout le dos doublement espineux:
Il auoit au derriere vne monstreuse taille,
Qui s'armoit iusque au bas d'vne pierreuse esaille.
Le riuage trembla, les rochers qui n'ont peur
Du feu de Iupiter, en fremirent au cœur:
Les troupeaux espandus laisserent les campagnes:
Le berger palissant s'enfuit dans les montagnes:
Le chasseur effroyé quitta cordes & rets,
Et courut se tapir dans le sein des forests,
Sans doubte des Sangliers ny des Ours. car la creinte
Du monstre a dans leur cœur toutte autre peur esteinte.
Seul demeure Hippolyte, à qui l'ignoble peur
Ne perse la poitrine, & ne glace le cœur.

    Il tient haute la face, & graue d'asseurance,
De mon pere, dist-il, c'est l'heur & la vaillance
D'affronter les Taureaux, ie veux en l'imitant,
Aller à coup de main cetui-cy combatant.
Il empoigne vn espieu (car pour lors d'auanture
Le bon Heros n'estoit equippé d'autre armure)
Et va pour l'aborder: mais ses cheuaux craintifs
S'acculant en arriere, & retour nant retifs
Son char malgré sa force & addroitte conduitte,
Tout pentelant d'effroy s'eslancerent en fuitte.

    Ce Taureau furieux court apres plus leger
Qu'vn tourbillon de vent, quand il vient saccager
L'espoir du laboureur, que les espis il veautre
Pesle-mesle couchez dans le champ l'vn sur l'autre.
Il les suit, les deuance, & dans vn chemin creux
Fermé de grands rochers se retourne contre eux.

Fait sonner son escaille & roüant en la teste
Ses grands yeux enflambez, annonce la tempeste.
    Comme quand en Esté le ciel se courrouçant
Noircist, éclaire, bruit, les hommes menaßant,
Le pauure vigneron presagist par tels signes,
S'outrageant l'estomac, le malheur de ses vignes.
Außi tost vient la gresle ainsi que drageons blancs
Batre le sainct Bacchus à la teste & aux flancs,
Le martelle de coups, & boutonne la terre
De ses petits raisins enuiez du tonnerre.
Ainsi faisoit ce monstre, apprestant contre nous
En son cœur enfielé la rage & le courrous.
Il s'irrite soymesme, & de sa queuë entorce
Se battant les costez, se collere par force,
Comme vn ieune Taureau, qui bien loing dans vn val
Voit ialoux sa Genice auecques son riual
Errer parmi la plaine, incontinant il bugle
Forcenant contre luy d'vne fureur aueugle.
Mais premier que le ioindre il s'eßaye au combat,
Luitte contre le vent, se fâche se debat,
Pouße du pied l'areine, & dedans vne souche
Ses cornes enfonçant, luymesme s'écarmouche.
    Lors le preux Hippolyte, qui aueques le fouet,
Aueques la parolle & les resnes auoit
Retenu ces cheuaux, comme vn sçauant Pilote
Retient contre le vent son nauire qui flotte,
Ne sçauroit plus qu'y faire, il n'y a si bon frain
Bride, resne, ny voix, qui modere leur train.
    La frayeur les maistrise, & quoy qu'il s'éuertüe,
Il ne leur peut oster cete crainte testüe:

Ils se dressent à mont, & de trop grand effort
L'escume aueq le sang de la bouche leur sort.
Ils soufflent des naseaux, & n'ont aucune veine
Nerf ny muscle sur eux, qui ne tende de peine.
Pendant qu'à les chasser il se trauaille ainsi,
Et qu'eux à ne bouger se trauaillent aussi,
Voicy venir le Monstre, & à l'heure & à l'heure
Les cheuaux esperdus rompent toutte demeure:
S'eslancent de trauers, grimpent au roc pierreux,
Pensant tousiours l'auoir en suitte derriere eux.
Hippolyte au contraire essaye à toutte force
D'arrester leur carriere, & en vain s'y efforce:
Il se penche la teste, & à force de reins
Tire vers luy la bride aueques les deux mains,
La face luy degoute, eux que la crainte presse
N'arrestant pour cela, redoublent leur vitesse:
Il est contraint de chuir, & de malheur aduient
Qu'vne longue laniere en tombant le retient,
Il demeure empestré, le neud tousiours se serre,
Et les cheuaux ardans le trainent contre terre,
Atrauers les halliers & les buissons touffus,
Qui le vont deschirant auec leurs dois griffus:
La teste luy bondist & ressaute sanglante,
De ses membres saigneux la terre est rougissante.
Comme on voit vn limas qui rampe aduantureux
Le long d'vn sep tortu laisser vn trac glaireux.
Son estomac ouuert d'vn tronc pointu, se vide
De ses boyaux trainez sous le char homicide:
Sa belle ame le laisse, & va conter là bas,
Passant le fleuue noir, son angoisseux trespas:

                         M.j.

De ses yeux etherez la luisante prunelle,
Morte se va couurant d'vne nuit eternelle.

Nous, que la peur auoit dés le commencement
Separez loing de luy, accourons vistement
Où le sang nous guidoit d'vne vermeille trace,
Et là nous arriuons à l'heure qu'il trespasse.
Car les liens de cuir qui le serroyent si fort,
Rompirent d'auanture vsez de trop d'effort,
Et le laisserent prest de terminer sa peine,
Qu'il retenoit encore auec vn peu d'aleine.

Ses chiens autour de luy piteusement hurlans,
Se monstroyent du malheur de leur maistre dolens:
Nous qui l'auons seruy, nous iettons contre terre,
Nous deschirons la face, & chascun d'vne pierre
Nous plombons la poitrine, & de cris esclattans,
Palles & deformez, l'allons tous lamentans.
Les vns luy vont baisant les iambes desia roides,
Les autres l'estomac, les autres ses mains froides:
Nous luy disons adieu, maudissant le destin,
Le char, les limoniers, & le monstre marin,
Causes de son malheur: puis mis sur quatre gaules
L'apportons veuf de vie aueques les espaules.

Or ie me suis hâté pour vous venir conter
Ce piteux accident, qu'il vous conuient domter.
Th. I'ay pitié de son mal, bien qu'vn cruel supplice
Ne soit digne vengence à si grand malefice.
Mess. Si vous auez voulu qu'il maurust, & pourquoy
De sa mort poursuyuie auez-vous de l'émoy?
Th. Ie ne suis pas dolent qu'il ait perdu la vie,
Mais seulement de quoy ie la luy ay rauie.

Mess. Vos pleurs n'y seruët rien, ce que vous auez faict
Ne peut estre autrement qu'il ne demeure faict.
Prenez donc patience, & faittes qu'on luy dresse
La pompe d'vn tombeau digne de sa proësse.

PHEDRE.   THESEE.

Ph. O malheureuse Royne entre celles qui sont
Regorgeant de malheurs par tout ce monde rond!
O mechante homicide! ô detestable femme!
O cruelle! ô traitresse! ô adultere infame!
Th. Quelle nouuelle rage entre en vous maintenant?
Pour quel nouueau desastre allez-vous forcenant?
Dittes, ma douce Amie, auez-vous receu ores
Quelque nouuel ennuy, que ie poursuyue encores?
Ph. O credule Thesee, & par mon faux rapport
Faict coupable du sang de ce pauure homme mort!
Apprenez de ne croire aux plaintes sanguinaires,
Que vous font mechamment vos femmes adultaires.
Hippolyte, Hippolyte, helas! ie romp le cours,
Par vne ardante amour, de vos pudiques iours.
Pardonnez-moy (ma vie) & sous la sepulture
N'enfermez indigné cet implacable iniure:
Ie suis vostre homicide, Hippolyte, ie suis
Celle, qui vous enferme aux infernalles nuits:
Mais de mon sang lassif ie vay purger l'offence,
Que i'ay commise à tort contre vostre innocence.

   O Terre! creue toy, creue toy, fend ton sein,
Et m'englouti cruelle en vn gouffre inhumain.
Et toy Porte-trident Neptune Roy des ondes,
Que n'as-tu dechaisné tes troupes vagabondes
                              M.ij.

Contre mon traitre chef,plustost que par vn vœu
Fait d'vn homme credule,occire ton nepueu?
Ie suis seule coupable,&suis la malheureuse,
Qui t'ay fait dépouiller cete ame vertueuse.
Que pleust aux iustes Dieux,que iamais du Soleil
Naissant ie n'eusse veu le visage vermeil!
Ou si ie l'eusse veu,qu'vne rousse Lionne
M'eust petite engloutie en sa gorge felonne,
A fin que deuoree en cet âge innocent,
Ie ne fusse auiourduy ce beau corps meurtrissant.
      O moy pire cent fois que ce Monstre mon frere,
Ce monstre Homme-taureau deshonneur de ma mere!
Thesé s'en peut garder,mais de mon cœur malin
Vous n'auez,Hippolyte,euité le venin.
Les bestes des forests,tant fussent-elles fieres,
Les Sangliers,les Lions,les Ourses montagnieres,
N'ont peu vous offencer,&moy d'vn parler feint,
Irritant vostre Pere,ay vostre iour esteint.
      Las! où est ce beau front,où est ce beau visage,
Ces beaux yeux martyrans nostre commun dommage.
Où est ce teint d'albastre,où est se braue port,
Helas,helas! où sont ces beautez,nostre mort.
Ce n'est plus vous,mon cœur,ce n'est plus Hippolyte,
Las! aueques sa vie est sa beauté détruitte.
      Or receuez mes pleurs,&n'allez rebouttant
La chaste affection de mon cœur repentant:
Receuez mes soupirs,&souffrez que ie touche
De ce dernier baiser à vostre tendre bouche.
Belle Ame si encor vous habitez ce corps,
Et que tout sentiment n'ayez tiré dehors,

S'il y demeure encor de vous quelque partie,
Si vous n'estes encor de luy toute partie,
Ie vous prie ombre sainte auec genous pliez,
Les bras croisez sur vous, mes fautes oubliez.
Ie n'ay point de regret de ce que ie trespasse,
Mais dequoy trespassant ie n'ay pas vostre grace:
La mort m'est agreable, & me plaist de mourir.
Las! & que puis-ie moins qu'ore à la mort courir,
Ayant perdu ma vie, & l'ayant malheureuse,
Perdue par ma faute en ardeur amoureuse?
Le destin enuieux & cruel n'a permis,
Que nous puissions viuans nous ambrasser amis:
Las! qu'il permette au moins que de nos ames vides
Nos corps se puissent ioindre aux sepulcres humides.
Ne me refusez point, Hippolyte, ie veux
Esteindre de mon sang mes impudiques feux:
Mes propos ne sont plus d'amoureuse détresse,
Ie n'ay rien de lascif qui vostre ame reblesse:
Oyez moy hardiment, ie veu vous requerir
Pardon de mon meffait, deuant que de mourir.
   O la plus belle vie, & plus noble de celles,
Qui pendent aux fuseaux des fatales Pucelles!
O digne, non de viure en ce rond vicieux,
Mais au ciel, nouuel astre entre les Demy-dieux!
Las! vous estes esteinte, O belle & chere vie,
Et plustost qu'il ne faut vous nous estes rauie.
Comme vne belle fleur, qui ne faisant encor
Qu'entrouurir à demy son odoreux tresor,
Atteinte d'vne gresle à bas tombe fanie,
Deuant que d'estaller sa richesse espanie.

M. iij.

Or sus flambante espee, or sus appreste toy,
Fidelle à ton seigneur, de te venger de moy:
Plonge-toy, trempe-toy iusques à la pommelle
Dans mon sang, le repas de mon ame bourelle.

Mon cœur, que trembles-tu? quelle soudaine horreur,
Quelle horreur frissonnant allentist ta fureur?
Quelle affreuse Megere à mes yeux se presente?
Quels serpens encordez, quelle torche flambante?
Quelle riue escumeuse, & quel fleuue grondant,
Quelle rouge fournaise horriblement ardant?
Ha! ce sont les Enfers, ce les sont, ils m'attendent,
Et pour me receuoir, leurs cauernes ils fendent.
Adieu Soleil luisant, Soleil luisant adieu,
Adieu triste Thesee, adieu funebre lieu,
Il est tems de mourir, sus, que mon sang ondoye
Sur ce corps trespassé, courant d'vne grand' playe.

CHOEVR.

Faison, ó mes compagnes,
     Retentir les montagnes,
     Et les rochers secrets
     De nos regrets.
Que la mer qui arriue,
     Vagueuse, à nostre riue,
     Face rider les flots
     De nos sanglots.
Que les larmes roulantes
     De nos faces dolentes,
     Des sablonneux ruisseaux
     Enflent les eaux.

Et toy Soleil, lumiere
   Du monde iournaliere,
   Cache ton œil honteux
   D'vn ciel nuiteux.
Nos fortunes funebres
   Se plaisent aux tenebres,
   Commodes sont les nuits
   A nos ennuis.
Dequoy plus nostre vie
   Sçauroit auoir enuie,
   En ce funeste dueil,
   Que du cercueil?
Ville Mopsopienne,
   Ta grandeur ancienne
   Sent du sort inhumain,
   La dure main.
Iupiter nostre pere,
   Iamais de main seuere,
   Ne combla tant Cité
   D'aduersité.
Or ces corps, dont la Parque
   L'ame & la vie embarque,
   Honoron de nos pleurs
   Au lieu de fleurs.
Les pleurs doibuent sans cesse,
   Tombant en pluye espesse,
   Témoigner la langueur
   De nostre cœur.
Plombon nostre poitrine
   D'vne dextre mutine,

Et nous faison de coups
  L'estomac roux.
Que scaurions nous mieux faire,
  Voyant le ciel contraire
  Ruer tant de mechef
  Sur nostre chef?

THESEE.

O Ciel! ô Terre mere! ô profonde cauerne
Des Demons ensouffrez, incuitable Auerne!
O Raiges! ò Fureurs! ò Dires, les esbats
Des coupables esprits, qui deualent là bas!
Erebe, Phlegeton, & toy pleureux Cocyte,
Qui te traines errant d'vne bourbeuse suitte.
Vous Serpens, vous Dragons, vous Pestes, & vous tous
Implacables bourreaux de l'infernal courrous,
Naurez, battez, bruslez mon ame criminelle,
De fer, de foüetz sonnans, & de flamme eternelle.
I'ay, mechant parricide, aueuglé de fureur,
Faict vn mal, dont l'enfer auroit mesmes horreur.
I'ay meurtry mon enfant, mon cher enfant (ô blasme!)
Pour n'auoir pleu, trop chaste, à ma mechante femme.
O pere miserable! ô pere malheureux!
O pere infortuné! chetif & langoureux!
Hé, hé! que fay-ie au monde? & que sous moy la terre
Ne se fend, & tout vif en ses flancs ne m'enserre?
Peut bien le ciel encore, & ses hostes les Dieux,
Me souffrir regarder le Soleil radieux?
Peut bien le Dieu tonnant, le grand Dieu qui nous lance
La foudre & les esclairs, me laisser sans vengence?

Las

Las! que ne ſuis-ie encore où i'eſtois, aux enfers,
Enfermé pieds & mains d'inſuportables fers?
Et pourquoy de Pluton m'as-tu recours, Alcide,
Pour rentrer, plus coupable, au creux Acherontide?
Eac' ne te tourmente, encores que ie ſois
Eſchappé de ta geole, où vif ie languiſſois,
Ie porte mon martyre: & pour changer de place,
Ie n'ay changé mon dueil, qui me ſuit à la trace.
Ie ſuis comblé d'angoiſſe, & croy que tout le mal
Des eſprits condamnez n'eſt pas au mien égal.
Puis ie vay redeſcendre, attrainant dans l'abyſme
Ma femme & mon enfant, deualez par mon crime:
Ie meine ma maiſon, que i'eſtoy tout exprés
Venu precipiter, pour treſbucher aprés.

Sus, que tardes-tu donc? vne crainte couarde
Te rend-elle plus mol que ta femme paillarde?
Creindras-tu de t'ouurir d'vne dague le flanc?
Creindras-tu de vomir vne maré de ſang,
Où tu laues ta coulpe, & l'obſeque tu payes
Du corps froid d'Hippolyte, & rechauffes ſes playes?
Non, tu ne dois mourir: non non, tu ne dois pas
Expier ton forfait par vn ſimple treſpas.
Mais ſi, tu dois mourir: à fin que tu endures
Pluſtoſt ſous les enfers, tes miſeres futures.
Non, tu ne dois mourir: car peut eſtre eſtant mort,
Ton beau pere Minos excuſeroit ton tort,
Et ſans peine & detreſſe irois de ton offence
Boire en l'oublieux fleuue vne longue oubliance.
Il vaut donc mieux ſuruiure: il me vaut donques mieux,
Que ie viue en langueur tant que voudront les Dieux:

Il vaut mieux que ie viue, & repentant ie pleure,
Ie sanglotte & gemisse, & puis en fin ie meure.
En quel roc cauerneux, en quel antre écarté,
(Que ne dore iamais la celeste clarté)
Porteray-ie ma peine? en quel desert sauuage
Vseray-ie l'ennuy de mon sanglant veuuage?
Ie veu choisir vn lieu commode à mon tourment,
Où le mortel Hibou lamente incessamment:
Où n'arriue personne: où tousiours l'hiuer dure:
Où iamais le Printems ne seme sa verdure:
Que tout y soit funebre, horrible & furieux,
Et que tousiours mon mal se presente à mes yeux.
Là, pour sur moy venger, & sur le bleu Neptune,
Mon fils par nous meurtry d'vne faute commune,
Diane, puisses-tu faire sortir dehors
De tes bois vn Lion, qui derompe mon corps,
Et mes membres moulus cuise dans ses entrailles,
Indignes d'autre tombe & d'autres funerailles.
Or adieu mon enfant, que bien tost puisses-tu
Voir les champs Elisez, loyer de ta vertu:
Que puisses-tu bien tost dedans l'onde oublieuse
Enseuelir mon crime, & ta mort outrageuse:
Adieu mon fils, adieu, ie m'en vay langoureux,
Consommer quelque part mon âge malheureux.

FIN DE LA TRAGEDIE
D'HIPPOLYTE.

ELEGIE,

A NIC. DE RONSARD,
Sieur de Roches, du Viuier, &c.

E ROCHES *mon amy, le Dieu
porte-sagettes,
Le petit Cyprinet se reloge dans moy:
Ie ressen outragé dans mes veines se-
crettes,*
Plus aspre que iamais, mon amoureux émoy.

    *Vne dame trop belle esprouuant la puissance
De ses yeux deceueurs, apris ma liberté:
Elle me tient captif la cruelle, & ne pense
Que i'endure du mal en ma captiuité.*

    *DE ROCHES que feray-ie? vne fois i'ay enuie
De tousiours demeurer en la geole où ie suis:
Mon seruage me plaist, & me plaisant, ma vie
Ne laisse pour tel bien de se combler d'ennuis.*

    *Ce fut vn soir, alors que la charrette claire
Du Soleil redeuale aux ondes d'Occident,
Que ie vey (de malheur) cete belle aduersaire,
Qui me blessa dés l'heure en la trop regardant.*

N.ij.

Ce n'estoit chose humaine,il sembloit de l'estoile,
Qui perse bien matin la noirceur qui là fuit:
Telle paroist l'Aurore,alors qu'elle deuoile
Le ciel encourtiné d'vne dormeuse nuit.

Si tost que ie l'eu veuë,aussi tost vne flame
Descendüe en mes os,me pourcourut soudain,
Comme vn air pestilent nous pourcourt,& entame
Le cœur mesme,aussi tost qu'il nous deualle au sein:

Ou comme vne étincelle en vn caque de poudre,
Ouurage de Vulcan,n'a si tost allumé
Deux ou trois petits grains,que bruiant côme vn foudre
Le feu a tout d'vn coup le monceau consommé.

Ie me senty brûler,mais non pas du tout comme
Le feu brûle vne poudre,aussi tost qu'il l'atteint:
Car le feu que ie sen,peu à peu me consomme,
Sans éteindre ma vie,& sans qu'il soit éteint.

Ia la Lune refait son douziesme voyage
Là haut dedans les cieux,& le flambant Soleil
Sur l'vn & l'autre pole a baissé le visage,
Depuis que m'a la Belle vlceré de son œil.

Et toutefois ie suis,comme i'estois à l'heure,
Embrasé de ses yeux,sans que le feu mordant,
Hoste de mes roignons,diminue ou se meure,
Qu'au contraire il deuient de plus en plus ardant.

Quelquefois,quand le sang de ma neufue iennesse
Commença de bouillir plus que l'acoutumé,
Amour me fist seruir vne belle maistresse,
Dont i'eu le cœur en vain longuement allumé.

Ie souspiray pour elle,& renflay de mes larmes
Tes roides flots,Garomne,à qui i'alloy,dolant,

Pour tromper ma douleur, chãter maints tristes carmes,
Me pleignant, écarté, de mon mal violant.

Quantefois au pendant d'vne roche cauee,
Quantefois dans vn antre, helas! & quantefois
Dans vn val secretaire, ay-ie l'herbe lauee,
Et de mes durs regrets fait retentir les bois?

Rien ne sonnoit qu'Agnette (Agnette estoit à l'heure
Le nom de ma maistresse) & les vers, qu'Apollon
M'inspiroit agité de sa fureur meilleure,
Epandus dans le ciel, ne chantoyent que ce nom.

En fin voyant ma vie, à son regret, donnee
Par son rigoureux pere au pouuoir d'vn mary,
Ie laissay ma liesse au ialoux Hymenee,
Et triste abandonnay ce riuage chery.

Amour me laissa libre, & depuis ma poitrine
Plus chaude d'Apollon que de son feu absent,
Me fist, graue, entonner la misere Latine,
Et du chaste Hippolyt le trespas innocent.

Ia fondoit Cornelie en larmes coniugales,
Et de son grand Pompé les manes appaisoit,
Quand Amour au millieu des fureurs Martiales,
Vint rallumer le feu qui premier m'embrasoit.

Qu'il est d'étrange sorte! apres que tant d'annees
Il m'a laissé deliure, il retourne leger,
Et m'enfonce plus fort ses fleches empanees,
Que quand il vint en moy premierement loger.

Il est presque semblable à ces fiebures tremblantes,
(Ennuyeuse langueur) qui laschant leurs efforts,
Sont au pauure fiebureux deux iours intermittentes:
Puis, la treue finie, elles rentrent au corps.

N.iij.

Ne vistes-vous iamais retirer la marine
D'vn haure Oceanique? & comme à certain tems,
Sur le sable desert elle reuient mutine,
Et rebat les rochers de branles éclatans?

Amour me fait ainsi : mais il est pire encore.
Car contre mon attente, & sans crainte de luy,
Il me surprend d'aguet, comme vn pirate More,
Et surpris, sans raison m'enueloppe d'ennuy.

Qu'auoy-ie affaire d'estre en vn nouueau seruice,
Aprés auoir son ioug porté si longuement?
Faut-il qu'à tout iamais amoureux ie languisse,
Et que d'vn tourment i'entre en vn second tourment?

Comme l'onde suit l'onde, & comme l'heure viste
Suit l'heure qui decoule, & le iour suit le iour :
Ainsi mon amour suit d'vne eternelle suitte,
Les ennuis regoûtez d'vne nouuelle amour.

Mais Cupidon me dit, & ma constance ferme
Le iure saintement, que ce brasier nouueau
Vif m'ardra dans le cœur, sans limitte & sans terme,
Iusqu'à tant que la mort l'étouffe en mon tombeau.

C'est grand' peine d'aymer, mais la Dame que i'ayme
Corrompt de tant de grace & de tant de bonté
L'amertume d'amour, que bien qu'il soit extréme
En douleur, si est-il du plaisir surmonté.

Comme il n'est herbe ou drogue au monde si amere,
Et le fust-elle plus que n'est encor le fiel,
Qu'à force de douceurs son goust on ne tempere,
En l'aromatisant & détrempant de miel.

Vrayment c'est vn soucy, mais de telle nature,
Qu'il plaist sur toutte chose, & qu'on n'ayme rien tant

Que ſonger en ſa peine,encor qu'elle ſoit dure,
Et que hors ce penſer on ne vit point contant.

Ma Maitreſſe eſt humaine,& de bon œil regarde
La deuôte amitié,que ie luy porte au cœur:
Elle entend ma detreſſc,& piteuſe prend garde
Qu'en moy lon ne la puiſſe accuſer de rigueur.

Las,& i'en ſuis plus mal! tant plus elle eſt benigne,
Tant plus cette douceur & cette priuauté
M'engage miſerable! & tant plus ie m'obſtine
De conſacrer ma vie à ſa chaſte beauté.

Ma Mignonne eſt ainſi qu'vne belle prairie,
Au Printems,quand Zephyr la bigarre de fleurs:
Riante y eſt l'herbette en cent couleurs fleurie,
Y eſt l'herbe émaillee en cent belles couleurs.

Encore il n'y a tant en vne plaine verte
De diuerſes couleurs,qu'en elle de beautéz:
Et le ciel,quand la nuiɛt a la clarté couuerte,
Garni ne ſè voit tant de brillantes clartez.

Permette Amour mon maiſtre,& les Graces pucelles,
Que ie l'ayme touſiours,& qu'elle m'ayme auſſi:
Ou ſi m'aimer ne peut,que mes ardeurs cruelles
Ne puiſſent offencer ſon courage endurcy.

Ie ne ſouhaitte point vn Arſacide empire,
Les grandeurs de ce monde ardant ie ne pourſuis:
Ie n'abaye apraſtoy: le ſeul bien où i'aſpire,
Eſt de touſiours complaire à celle à qui ie ſuis.

Nec prece nec precio.